JN034377

聖書からみる神と自然と人間

造園学のはじまり

岡島なお方
OKAJIMA NAOKATA

郁朋社

はしがき

本書を書くに当たって私が最初に企図したことは、旧約聖書の中に、石と岩に関してどのような記述があるのかを明らかにすることであった。しかし、石と岩ばかりが造園の要素ではないので、それをまとめるためには本来、より広範な検討を行わなければならないという可能性も見えている。造園を成り立たせているものとしては、その他に植物や水なども（本来は森羅万象が含まれている）ある。これらの他の要素についても検討したうえでなければ、石について岩について述べることもできないだろう、というのは、私がとある学会に岩についての記述をまとめて投稿した時の査読者の反応であった。たしかにその通りである。あるものについて論じるときには、論じようとする対象と関係のあるものを全て位置づけしてから述べなければ、周辺の位置づけを修正しなければならなくなった時に、その波及効果として、先に論じた内容に変更を加えることもありうる。しかし、それには時間がかかる。森羅万象の中から何かを抽出し、一定の方針を決めたら、それについてまず研究し、何かに気づいたらその成果をまとめて発表し、その後に、次の段階に進むようにしなければ、発想は日の目をみることなく、社会に貢献することもなく消えてしまう事柄となる確率が高くなる。そこで、少々急み足となり、あとから修正をしなければならなくなるかもしれないが、まずは石と岩について述べると決めたところからこの試みは始まった。

実は、聖書の膨大な記録の中から、石や岩について取り上げなければならないと感じたのは、聖書を最初から最後まで通読するという試みを２０１５年の夏に行ったときであった。これには個人的事情が関わっていた。個人的な事情や研究のきっかけなどは論文の中身とは関係ないものとされているので、なぜ石や岩だけを取り上げるのかを伝えることは、もとより出来なかった。２０１４年の夏、私は骨盤を骨折するという事故にあった。夜の闇があたりに広がろうとする時刻に、電車の高架線の下を歩いていた。そのときふと小用を足そうと、高架線の向こう側の道に向かって歩いていくことを思いついた。向こう側に公衆トイレがあることは知っていたからだ。耳元で、「向こう側の道に向かって進んでいけ」と示唆する声を聴いた（ような気がした）。この声は明らかに聞こえたようだったので、ためらうことなくどんどん歩いていったところ、突然水路に落下した。約2・5ｍ下の水路の底に落ちたとき、何が起こったか一瞬分からなかった。左足を前に出したと思った瞬間に、水路の底の硬いコンクリートに対して、重力で落ちた無防備なままの身体が叩き付けられた。もはや身体の姿勢を変えることは不可能だった。幸いその場を通りかかった高校生らしき男子生徒に発見して連絡してもらい、救急車で病院に連れていかれた。病院では何回か生命の危険に遭遇した。医療処置が的確であったのと、家族、知人の登場と支援により一命をとりとめたのであった。このときの経験について詳しく語るのは本書の目的ではないのでこれ以上は割愛するが、このときに、道の向こう側に渡るように示唆した声が何であったのか、またこの出来事の意味が何であったのかを探る必要を感じて、私の聖書を読む試みは始まった。きっかけはこのようなものであったが、その過程の中で見つけたことが、石と岩というものは聖書において特別なものとして描かれているという発見であった。しかし、その発見は、そのままではただそういうことに気づいたということに過ぎない。そこでそれを研究として再構成する必要があった。これは、さいわい造園学会の論文集に掲載されることになった。その内容の一部が本書で示される予定である。

そこで、次のようなことを述べざるを得ない。

本書において、聖書を読むに当たって置いた仮定は、まず邦訳聖書（主には新共同訳聖書で、確認用に外のものも参照している）を底本に考えてゆくということである。これには、ヘブライ語聖書原典から読解を進める方々には当然異論があるものと思われる。現在日本語で提示された聖書は将来改訂されることも予定されており、その時期も間近にせまっている。しかし、底本を決めなければ先へは進めないし、内容を例示できない。現段階においては専門家達の努力によって最高の段階の翻訳となっていると仮定した。この仮定を置くことによって尊重されるものは、ヘブライ語聖書が日本語に翻訳されたときに生じたであろう数々の偶然（その中にはもしかしたら誤訳もあるかもしれない、ニュアンスが消えてしまったものもあるかもしれない。しかし、日本人だからこそ拾うことができた意味もあるであろう）も含めて、私達の手元に聖書がもたらされていることの事実である。そこで偶然残ってしまったもの、表面化されることがない事情なども含めて今私が触れることができた内容をそのまま受け取ってみようとしている。

大学に所属していると、審査論文という形式以外で書いた文章は、大まかに雑文としてみなされる。であるから、本書を書こうとするときには、発想の切り替えが必要であった。この職業では文章をできるだけ論文として書くように自然に方向づけられ、通常の文章というものに価値を認めづらくなり、論文以外の形式で文章を書くことは職業的な時間を別の事に使って、時間を無駄にしているのではないかという気持ちが漂い始める。

しかし、気づいたことを、あえて厳密な論文としての形式ではなく書いてみることにも一定の価値はあるのではないか。ただここに書き記すものの一部は、完全に自分のオリジナルの内容であるとは言い切れない部分もある。すでに、この方向で書かれたものも存在している。しかし、それは断片的なものであったり、紀行文の文調であったり、遺跡を実際に訪れて見学したり発掘したりという体験談として書かれたものも多い。そこでは、実際の空間に立った時のインパクトについて書かれている。本書においては実際の場所についても取り扱うが、筆者が訪れた場所でないものについても記す。

本書における聖書の考察においては、日本語の語感というものを大切にする。旧約聖書はもともと口伝(くでん)で伝えられていた内容で、徐々にそれがヘブライ語、ギリシア語、アラム語などの言語で書かれていったものである。

本書は、造園学のはじまりという位置づけで書いている。大学に造園学という学問がある。日本における造園学は、世界の中でも独特なものとなっているであろうし、そうでなければならないと考えているが、その造園学の学生が学ぶための本があるといいと思った。技術について書いたものではなく、造園学を学ぶ者が読むと良い書籍や、どれくらいの広さの情報に関心を持つと良いかの指針となるような書籍になるとよいとの思いもある。

２０１９年　岡島なお方

聖書からみる神と自然と人間　──造園学のはじまり──／目次

第二部　コラム記事　聖書と作家の活動など

第三部　作庭記と造園学

第一部

聖書と造園学

1―1　草創期の造園学

造園という行為は、日本の歴史において古代からすでに始まっていたと考えられるが、学として位置づけされたのは近代に入ってからである。大学関係者が造園学を定義しようとしてきた。ここでは特にその初期に行われた定義をみておく。

19世紀の終わりから20世紀の始め頃、東京大学農学部林学科（前前身は東京山林学校）の中からこれを専門とする人々の動きが始まった。本多静六は同大学の前身帝国大学農科大学を卒業後、ドイツに留学しミュンヘン大学で経済学の博士号（1―1）を取り、帰国して帝国大学農科大学に奉職し、1900年には東京帝国大学農科大学（東京大学農学部）の林学の教授に就任した。本多は日本で最初の都市公園

1―1　ミュンヘン大学では、林学は「国家経済学」の部門の中にあった。遠山益（2006）：日本の森林を育てた人：実業之日本社、20による。

である日比谷公園の立案に携わった。本多は1915年に科外講義として造園学の講義を行い、その際「造園学の義解、趨勢及び範囲」というパンフレットが配られたという(1—2)。本多の薫陶を受けていた田村剛は、1918年に「造園概論」(1—3)を著した。田村はこの時29歳の林学士であった。同書は恩師本多による序文をいただいたものである。そこで本多は「未だ曾て厳粛なる学術的研究によってなされたる造園学の著書を見たことがない」とし、同書を「土木・建築・林学・園芸・美術等に普遍せる大芸術にして大科学たる造園を組織的に説論し、以て一科の学としての造園を樹立しようという一大企図の端緒である」と位置付けている。この中で筆者の田村は、造園のことを、

「造園とは、之を簡単に言って見れば、美はしく植え付けることである(1—4)。

ファルケ(Falke)の言によれば、「『芸術に征服された自然』である」(1—5)

とした。また「造園は芸術家のインスピレーションに依って産み出されたもの、即ち理想化された第二の自然でなくてはならぬ、外形は自然を模しながらも内容は高遠な理想に生きる所がなくてはならぬのである」としている(1—6)。こうして、造園とは何かという問いに一定の解を与えた。本多には、造園の術や実地の方面は

古くから発達を遂げてきた一方で、その学術的研究は遅れており、いまようやくその萌芽を発したという認識があった。

1―2　上原敬二（1924）：造園学汎論：林泉社、11.

1―3　田村剛（1918）：造園概論：東京成美堂出版、2―3.「造園概論」も上原の「造園学汎論」も、本の表紙に書かれた書名は、右から左にかけて読むように横書き一行で漢字で書かれている。

1―4　田村は「植え付ける」という言い方をしている。聖書において、神はエデンの園を植えたと表現している。（注1―25参照）

1―5　しかしこれではあまりに抽象的で初めて聞く人には良く分からないであろうからとして、「植物・動物・岩石・泉水等自然材料と亭榭・彫刻・橋梁・道路等の建設物とを材料として、一定の位置と面積との上に理想化させられた風景又は建築的構造を創作する術である」と説明を加えている。田村は造園を芸術であるとしているが、造園術に最も近い芸術は演劇であるとしているのは面白い。演劇は人間（俳優）を材料とし、造園は植物（庭木）を材料としていると記している。23―34.

1―6　田村剛（1918）：造園概論：東京成美堂出版、12.

先に本多から薫陶を受けていた上原敬二は、1924年に林学博士として「造園学汎論」を著し、造園学を、

「人間生活の上に使用、享楽のため種々の程度において美観と同時に利用の目的を達するよう土地を意匠設計する理論を構究する学術である」(1―7)

とした。上原は「学」としてこれを定義した。そして、その技術を「造園術」と称する(1―8)とした。既刊であった田村の「造園概論」は参照されており、そのような定義では造園の全意義がつくせていないとしている。また、「造園」という語については、

「『造園』と云う語は、Landscape Architecture と云う語の意義を純化したものにつけた名称であって筆者は決して完全なる文字とは思わないが明治の初年より用いられて来た熟字であって『造庭』と云う語よりも幾分この訳語として適当しているかと思う、将来更に適当なる文字の考案せられた暁には何時でも改めるに嗇ならぬ」(1―9)

としている。

これに対して、田村は林学博士として1925年に「造園学概論」を記し、

「造園術とは、土地を美しく取り扱う技術である」

「従ってその技術に関する体系的普遍的な知識を造園学という」(1―10)

とした。そして、

「見方を変えていうならば、造園は自然を享楽せしめる施設であるとすること

も出来よう。土地を美はしく取扱ふといひ、又自然を享楽せしめる施設とはい

へ、同時に他の実用・経済・衛生・保安・教化等の目的を伴ふことは差支ない」

としている。

上原は造園学とは何かを表現したのだが、田村は造園を術から始まったものとして捉えて、その術に関する知識が学である、といういい方にしてある。つまり、造園についてては術の方が先にあったことを尊重した語り方をしている。上原にあって

1―7 上原敬二(1924):造園学汎論:林泉社、2. この本は自費出版であった。

1―8 つまり、「……するよう土地を意匠設計する」技術のことであろう。

1―9 上原(1924)、5.

1―10 田村剛(1925):造園学概論:成美堂書店、18―19.

は「意匠設計する理論を構究する」と付けたために、緑を用いた空間をあらたに造り出すこと、デザインに重点が置かれている。田村の定義は、「美しく取り扱う」という言い方のため、解釈の幅が広げられる。田村の定義で示されたように、造園学というものを、造園という技術を確かになすためのものとしての位置づけることは他の論者によってもなされていった。田村も上原も明治神宮の造園の仕事に関わりをもった。

1974年に上原は、「造園体系」という8冊からなる書籍(1—11)を記した。50年前の「造園学汎論」で造園の体系化を試みたが、その後その方面に関して他者によってさらなる展開がなされていないから、自らの案を提示する目的で体系を示したとしている。そして、第一巻「造園総論」、第二巻「庭園論」、第三巻「公園論」、第四巻「自然公園」、第五巻「造園計画」、第六巻「植栽・並木」、第七巻「風景・森林」、第八巻「風景要素」という八つの分冊からなる一連の書籍をかきあげた。上原は、造園が学問の分野として自立できるようにするために、全体像を示し可能な限り大きく括って、「これが造園というものである」と世間に示す使命を常に感じていたものと推測する。そのため学としての体系を提示することにこだわった。

いわゆる縄張りである。一方、第一巻のまえがきには、「造園というものは応用の学と術である。それは広汎な範囲にわたる、またわたるようでなければ完全とはいえず、含蓄も少ない、あらゆる自然科学と人文科学とを渉猟してこれを消化し、それらを結集した果てに形つくられる内容といってもよい。その結果、地上に現れる楽土がすなわち造園の姿なのである。表現に滋味あふれるものを期待する。……造園とは庭つくり仕事くらいに考えている人がまだ世上には多いと思われるのでその啓蒙の必要も少なくない。造園とはそのようなせまい範囲のものではない」としている。七巻や八巻のまえがきでは、「風景」、「風景学」は独立したひとつの学問になるべきだが、現在暫定的に造園の中にくわえてあるのだという見解も示されている。「造園体系」のまえがきの内容は、造園学とはこれである、というように端的に表現したものではないが、造園がどういう方向性を持つものであるかという条件を示し、造園学が広い範囲のものを指すものであってほしいという願いを示している。

1―11　上原敬二（1974）：造園体系　第一巻～第八巻：加島書店。まえがきの日付をみると、わずか2か月の間にこれら8冊の本を書き終えたことが分かる。

1―2　造園とは

本書は、造園とは何かということを考えようとしている。造園という行為の始まりの一つとして、日本書紀（1―12）には、推古天皇の代の20年目（612年頃）に、路子工（みちこのたくみ）という大陸からの渡来人が、自分は山と丘を造る才に恵まれているので私の才能を使ってほしい、と申し出て、当時の天皇がこれを採用したという記録がある。当時百済国からやって来た、肌に白い斑点がある人びとの一人だったという。この人が須弥山（しゅみせん）という山と呉橋（くれはし）という橋を南の庭（1―13）に造った、という。同じ頃百済から、中国の南方で伎楽の舞いを学んだという人が来て帰化した。こうした記録を探し、そこから造園という行為の始まりを探るというアプローチが一つあるであろう。

もう一つは、「造園」という言葉がいつから使われるようになったかという視点である。「造園」とは、中国の明代（崇禎(すうてい)4年）に書かれた庭園書『園冶(えんや)』という書の中で初めて使われた言葉だとする(1―14)。著書は「計無否」という人物で自ら書いた原稿に対して、郭元勲からの題詞（評）を頂いているが、その中に「造園」という言葉が現れたのだという。1636年のことだという。この計無否という人物は、実際に立派な庭をつくった人物であるらしい。自分の事を「園牧」と読んでおり、庭の手引書を書いた時に書の名前も「園牧」という題名にしていたのを、曹元甫という人が、「園冶」とした方がよろしいのではとアドバイスをして、題名となったという。

その題詞の中に、

古人百芸、皆伝之於書、独無伝造園者何、曰園有異宜無成法、不可得而伝也、

1―12　坂本太郎ら（1995）：日本書紀（四）：岩波文庫、124.

1―13　ごく当たり前のように「南の庭に」とあることから、「庭」の存在はすでに認知されていたことが分かる。

1―14　上原敬二（1975）：解説　園冶：加島書店、10―11．どのような庭を造ったかなどについては同書に示されている。

異宜奈何、

とある。意味は、古来、様々な芸に関して、書物でもってその要点が述べられてきたのであるが、ただ一つ、造園に関してだけは伝えるものがなかった。それは園には異宜（反対異見や賛成異見）があり、これがその方法だとするものも無くて、伝えることができなかったからだ、としている。しかしここに計無否の書が現れたと述べている。執筆時期を見てみれば、13世紀に完成していた作庭記の存在の貴重さが裏付けされる。

ここにもう一つ、「造園」という言葉の由来を考えていく方法がある。参考になるのは、C・H・カン（以降カン）とE・R・ネルソン（以降ネルソン）による著書『創世記の発見』という本（1―15）である。ネルソンによれば、この本が著された経緯は、次のようなものである。1950年に香港で出版された『創世記と中国語』という小さな本をネルソンは持っていた。刺激的な本であったらしい。その内容は、漢字を部分に分解してみていくと、創世記の初めの方の章に見られる物語を見事に説明できるというものであった。医療宣教師としてタイにいた時には、タイ人や中国人の生徒と一緒に聖書を学ぶ時に、ネルソンはそれを使っていた。アメリカに戻った時に、『創世記と中国語』の筆者K・T・カンのお孫さんが、自分の息子と同じ大学にいるということが分かったという。それがカンであった。カンは牧師であった。ネルソンは、そのときカンが東洋だけでなく西洋でも宣教していたということを知った。カンは、さらに新しい漢字を付け加えた資料を送ってくれたという。カンが中国の病院で宣教をしていたときに、聖書の創世記の部分を教えていると、ある女性から、これは子供に聞かせるにはとてもすてきなおとぎ話ですね、でも大人にとってはほとんど価値がありません、と言われたという。すでに人類の起源については進化論が教育されていたからである。創世記に科学的根拠があることの証拠がほとんどないため、カンは当惑したという。彼は聖書をそれまでつねに真実としてうけとめていた。そのとき香港で出版された、宣教師が使っていた本の注のところに書いてあったことに目が留ったということだ。それによれば「船」という漢字は、「舟」と「八」と「口」からなる。創世記のノアの箱船の話では、箱

1—15　C. H. Kang, Ethel R. Nelson (1979) : The Discovery of Genesis: Concordia Publishing.

船にのったのは、8人の人びとだった。ノア夫妻、ノアの3人の息子夫妻である。口は人の数を表す。

もしこれが偶然でないなら……とカンは、「造」(創造の意)という漢字を調べてみた。この漢字は、「土」(塵、泥)、「口」、「ノ」(下方に向かっての筆の動き、ここは神が土の塊に向かってふっと吹きかけた息の動きと捉えたいところである)と「辶」(歩けるようになることを意味する)からなるが、創世記2章7節には、「主なる神は、土の塵で人をつくり、その鼻に命の息を吹き入れられた。人はこうして生きる者となった」(新共同訳聖書)と書いてある。

ここまではカンの話であるが、ネルソンがハーバード大学の「中日燕京図書館」で調べたところ、中国語が書記されるようになったのは紀元前2500年頃であること、バベルの塔で人びとが散らされたのが紀元前2218年頃となることも分かったという。

彼は、それにしても、漢字のこうした解読が、異教徒の概念ではなくて、むしろ聖なる言葉が書かれた聖書と並行したものであるといえるのはどうやって分かるのか、と自問する。ネルソンは、筆記文字が公式化された当時の古代中国の原始宗教は、自然の一神教であり、偶像も神話もなく、至高の統治者である天を崇拝しており、2000年後に道教や仏教が現れて多神教的なカルトになったのであるとする。

これらは、『創世記の発見』の冒頭に書かれたエピソードである。ここまでの部分で「造園」という言葉の「造」という言葉を、創世記の内容と合わせて捉える読み方が説明された。さらに、土に息を吹きかけられると一人の人になったということが「告」という部分の各部が示すものであるが、41ページではさらに「告」全体としての意味は、話をする、しゃべるということであり、神が土の塊に息を吹き込むと人になったが、その人がしゃべるようになり（旁）、そして歩くようになった（扁）、ということである、と説明している。たしかに、アダムに対しては、神がたくさんの生き物を連れてくると、アダムはそれらに名前をつけて呼んだ（しゃべった）という箇所（創世記2：11）がある。

では、「園」の部分はどうであろう。54ページに書いてある。「園」は、アダムとイブが神とともにいることを楽しんだ美しい庭、ガーデンのことを示す。その説明は私からの補足もいれるとこうなるであろう。まずは、栄誉ある創造、「土」と「口」、これだけで、原初の人、アダムを示すことができる。そしてそのすぐ下に「人」の漢字が二つ、異なった角度に配置されている。これで神がアダムに助け手(1―16)を連れてきて、いまや二人になった状態を示す。そして大きな囲いを示す「囗」、これはエデンの園の境界を示すものである。

このように解釈するなら「造園」という言葉は、まず「造」の部分で、創世記において神が人を造ったことを示す。そこには、これまで存在していなかった何か新しいものを創造する、という意味が表されている。そして、二人の人類の始祖が体験した豊かな庭(ガーデン)エデンの園のことが示されている。私達が「園」をイメージする時には、二人がそこで体験したであろうことの全てを含めて考えて良いと思われる。たとえば、園の中には、見て美しく食べておいしい実がなる樹木がたくさん生えていた。その中は、散策するだけでも楽しかったのではないか。しかし、厳密にいえば、二人の人類の始祖が無垢に喜びを感じることができたのは、この園の内部で「イブ」という名前が発生される前のときまでであった。園の中央にある2本の木のうち、食べてはならないという「智慧の木」から実を二人が食べて、目が開けて、神から呪い（1―17）の言葉をかけられたあと、はじめてアダムは自分の同伴者を「イブ」と名付けたのであり、この智慧の木を食べる前には、イブなる同伴者はいなかったのである。同伴者は、アダムのあばら骨から造られたものであるが、そのあばら骨に神が何らかの操作をくわえると、特別な存在になり、それを神がアダムの前に連れてきたら、アダムは、その存在に「イシャー」と名前を付けた。自分の名前が「イシュ」であるから、相方の名前はそれとよく似た「イシャー」とする、とアダムが定めたのである。では「アダム」とは何かといえば、神が土の塵を、ご自身の姿に似せた形、すなわち人の形にして、その鼻の部分に息を吹き込んで造ったものであるから、神ご自身がこの最初の人類を「アダム」と命名したのである。土の塵のことを「アダマー」と呼んでいたので、そこからできたものを「アダム」と呼んでいたのである。

1―16　伴侶の侶という字は、口が二つで二人の人がいっしょにいる状態で、にんべんにより人を表していると、同書では説明している。27．この説明だと、なぜ、上の口は少し小さく、下の口はそれより大きめに書くのか、ということまでは説明できない。

1―17　呪いというと不吉なイメージを持つ人も多いであろうが、呪いの捉え方も色々なのである。

ダム」と呼ぶことにしたのである。語呂合わせである。アダムという名前は、神が人類の始祖につけてくれた名前であった。イブはアダムが同伴者につけたもう一つの名前である。この経緯からいくと、アダムとイブというのは、命名した主人が異なるのであり、同列に並べて呼べる状態だったのは、実際にこの園から追放される直前のときに限られる。しかし、慣用的には、エデンの園に二人が登場した時からの名前をアダムとイブと呼んで煩雑さを避けている。

神がアダムに「助け手」（後にイブとなる存在）を連れてくる前には、この園にはアダムだけしかいなかった。そのときにアダムはどのような状態で生活をしていたのだろうか。聖書の物語の中には、その記述はない。それが「福」の字となる。「一」と「口」で一人の人、それが「田」にいる。エデンの園の中央では川が4本に分かれていた、としており、それを表すと「田」の字になる。一人の人がエデンの園にいた時の状態を「示」すとしている。漢字の左側の篇である「ネ」は、もとは「示」の字で書かれていた。エデンの園での生活は幸福だったということになる。カンらの書籍にはこの「福」の字の読み取りも書かれている。

この書には、これらの漢字以外にも創世記と関わりのある漢字が示されているので、興味があれば原書を見てほしい。ただし全ての漢字を創世記との関わりで説明できるというわけではない。

ここまでで「造」は神が人を造ったこと、造られたものが生き生きと活動をはじめたことを示し、「園」は神が造った園のことを示し、これらを融合しているから、「造園」としたときには、創世記の場面を反映し、原義としては神の技によってうまれたものを示す(1—18)。われわれが一般的に「造園」という言葉を使う際には、もともと神の営為だった行為を参考にして、我々人間が神から委託されて実施する創造行為という意味がふくまれているものと思われる。人間が自然を管理する宿命を持っていることについては、創世記1：28で、神が提示している、

1—18　中国では「園林」という言葉があるがこれも園の中央に2本の木があったことを象徴しているとすれば創世記の場面を反映する。

「産めよ、増えよ、地に満ちて地を従わせよ。海の魚、空の鳥、地の上を這う生き物をすべて支配せよ」（創世記１：28）

という箇所が参考になる。環境をしっかり管理せよという意味と捉えられる。この言葉を通じて、人間が自然に対して何をすることができるとしても、だからといって何をしてもよいといっているわけではなさそうである。

ここで示したような考え方には、漢字の成り立ちを考えながら、聖書の物語を並行して見ていくと、聖書に書かれている物語に表現されていなかったニュアンスを、さらにくわしく知ることができる情報が加わっていく、という不思議さがある。

これを漢和辞典的な見方でみていくとどうなるのだろう。下に引用（1―19）して示しておく。「土」は、地中から植物が吐き出されるように発芽する形からきた文字である。「ノ」は、「これをもとにしてできている字は特になく、文字の整理の上から設けられた部首」または、「右上から左下に引いたさま」を示す。「口」は、象形文字で人間の開かれたくちを、真正面から見たさまにかたどったもので、意味はいろいろあるが、人口という意味や、人または人数を数える助数詞という説明がある。そして「告」の部分で、意符としての口（言葉）と音符としては〈生〉の下部の一画を省いたもので、草木の柔弱な芽の出る形と、うえへ進める意＝上とから成り、言葉を上の方に進める、進言する意になる、とする。「造」という漢字を調べると、左側のしんにょうで、意符の（ゆく）という意味と、音符のシウ（つく意＝就）とから成り、行って席に着く意、らしい。または、ひいて「いたる」意、借りて「つくる」意に用いる。「園」は、意符の口（かこむ）と、音符の袁エン（かきの意＝垣）とから成る。垣で囲んだ場所、野菜・果物などの畑の意、である。果樹ということであるなら、エデンの園の中央に食べることができる実のなる樹木があったので、意味が一致する。しかしこうしたアプローチでは色々と断片的な知識を知ることができても熟語として見た時の統一された世界観は全く見えてこない。

1―19　尾崎雄二郎他（1992）：角川大字源：角川書店からそれぞれの文字の「解字」の部分を引用した。

1—3　聖書という言葉から連想されること

つぎに「聖書」という言葉を見てみたい。そうすることで、この書をもとにこれから考えていくことの意義も明らかになるであろう。聖書とは何なのか。日本語聖書の場合には、「聖」という言葉がつく。「聖」という言葉は英訳聖書のタイトルにはなく、英訳聖書は、〝The Bible〟(バイブル)と呼ばれる。もとはギリシア語の「ビブリア」から出ているという。小冊がたくさん合わさったものという意味か(1—20)。ここから分かるように「聖」というのは英語のタイトルにはない語感である。しかし、この言葉は聖書の中に書いてある記述をよく反映していると言える。それを証明してみよう。

聖書に次のような一節がある。

無知な者よ、いつになったら目覚めるのか。

耳を植えた方に聞こえないとでもいうのか。
目を造った方に見えないとでもいうのか。
……
主は知っておられる、人間の計らいを
それがいかに空しいかを。（詩編94：8—11）

日本語訳で「主」と訳されているものは、ヘブライ語ではヤーウェのことである（注3—16参照）。右の詩を読むと、人に耳（אזן）を植えた方、また目（עין）を造った方を、「主」であると述べていることが分かるだろう。右の詩においては、口については述べていないが、耳と目を指摘している。主は、人に耳を植えたり、目を造ったりすることが可能であるということである。口を造ったのも主であることは明らかである。次の箇所にあるとおりである。

1—20　フェデリコ・バルバロ（1980）：聖書：講談社、14・

主は彼に言われた。「一体、誰が人間に口を与えたのか。一体、誰が口を利けないようにし、耳を聞こえないようにし、目を見えるようにし、また見えなくするのか。主なるわたしではないか」（出エジプト記4章 11節）

一方で、主とは他にどんな呼ばれ方をした存在なのだろう。同じ詩編に、

王権は主にあり、主は国々を治められます。（詩編22：29）
栄光に輝く王とはだれか。万軍の主、主こそ栄光に輝く王。（詩編24：10）

などと書いてある。これらから「主」は「王」（מלך המלך）とも呼ばれる存在であることが分かる。聖書の「聖」という文字を見ると、漢字の上の部分で、「耳」や「口」を示し、下の部分でそれを造った「王」が示唆されるが、それは詩編からは、結局「主」のことであるととれる。主の存在がどういうものであるかを示しているのが聖という文字で、主は聖なるものであるということと考える。これは、別の個所では、次のような記述で確かめられる。

万軍の主をのみ、聖なる方とせよ。（イザヤ書8：13）
イスラエルの聖なる神、あなたの救い主。（イザヤ書43：3）

もしくは、

わたしは主、あなたたちの聖なる神
イスラエルの創造主、あなたたちの王。（イザヤ書43：15）

などの語句により、主は王であるばかりでなく、聖なる方であるということが分かる(1―21)。「神」という言葉は英語ではＧｏｄであるが、ヘブライ語では「エロヒー

1―21　白川静（１９７０）：漢字：岩波書店、白川によれば、中国では、人間性の最も完成された状態を聖というらしい。儒教が究極の理想としてこの聖という言葉を掲げたという。神の声を聞きうる者を、聖と読んで尊んだとする。前掲書白川、30．聖書では、神が聖なる存在とされていたのに、中国では人のことをさすように異なっているのが面白い。

ム」（אלהים）となっている。

ここまでの記述をまとめると、聖書の「聖」とは、耳や口をお造りになる王、すなわち主のことを示し、同時に主の持つ性質が聖なるものであることを示したものである。そういう存在が書いた書、そういう存在について書いた書が聖書ということになる。英訳では、「その本」「唯一の本」という意味"The Book"であるが、日本語では英訳よりも具体的にこの書の性質を明らかにしているとさえ言えよう。聖書の中に書かれている考え方を表象しているのがこの聖という言葉である。

しかし、王である「主」に対して人はどのようなコミュニケーションをすることが可能なのかを示すにあたっても、耳と口は重要なものとなる。神とつながるためには、耳と口の相互作用が必要なのである。主の口が語られたことを人々の耳がしっかり聞くか、人が主に向かって願いを発した言葉に主が耳を傾けるか、王である主との関係はそのようにして築かれる。そうであるなら、王の耳、王の口のどちらかとあなたがコミュニケーションできる状態になっていること、それを聖なる状態と呼ぶという解釈が成り立つと私は考えたい（1―22）。

このように王なる主が人の言葉を聞き、また必要に応じて人に大切な言葉を発すると考えれば、「聖」という言葉は、「王」が持つ「聞き分ける力」と、「王」が持つ「言葉で伝える力」を合わせた状態であるという意味に取ることもできる。

このように述べて、私は、聖書の誤読、漢字の誤読を羅列してきているだけではないかという反対論者の筋に、対応しなければならないと感じた。ここまでで述べてきたことというのは、聖という文字を解釈することであった。物事がおこった順序から考えると以上の記述は正しくない。

最初の人類アダムが造られたとき、主は土の塊で人のかたちを造り、その鼻に息を吹き入れて、これにより人は生きるものとなったのであった。神の口から発せら

1―22　神よ、わたしの祈りを聞き／この口にのぼる願いに耳を傾けてください。（詩編54：4）
　わたしに耳を傾け、答えてください。わたしは悩みの中にあってうろたえています。わたしは不安です。（詩編55：3）

れた息は、人間の鼻に吹き入れられた。このような神からの作用を受けたものこそ生きた人の祖先であり、そうでなければ偶像のようなものであろう（1―23）。神は人を造る前に、光、海と大陸、昼と夜、生物などを造られたが、それらは神の言葉によって造られた（例えば「光あれ」という言葉がそうである）のであり、それは口の働きによるものと言える。神のかたちは人のかたちと似ているはずであるから、神にも口という機能を果たす場所があるはずである。

しかし、主の口というものは直接表記としては創世記には出てこない。主の口には何が可能なのだろうか。以下にヒントとなる句を引用しておこう。

人はパンだけで生きるのではなく、人は主の口から出るすべての言葉によって生きることをあなたに知らせるためであった。（申命記8章：3）

御言葉によって天は造られ／主の口の息吹によって天の万象は造られた。（詩編33：6）

あなたの口から出る律法はわたしにとって／幾千の金銀にまさる恵みです。（詩編119：72）

知恵を授けるのは主。主の口は知識と英知を与える。（箴言2：6）

1―4　白川氏による漢字の解説

漢字研究の第一人者、白川（1―24）は言う。

1―23　国々の偶像は金や銀に過ぎず／人間の手が造ったもの／口があっても話せず／目があっても見えない。／耳があっても聞こえず／鼻と口には息が通わない。（詩編135：15―17）

1―24　白川静（1970）：漢字：岩波書店、2―24.

「はじめにことばがあった。ことばは神とともにあり、ことばは神であった」とヨハネ福音書の冒頭には記されている。たしかに、はじめにことばがあり、ことばは神であった。しかし、ことばが神であったのは、人がことばによって神を発見し、神を作り出したからである。

と。

まずは、神話が現実そのものであった長い時代があり、この時代においては時間というものがない状態であったという。その時代の特徴は神話を語れば、それがそのまま人々の現在のありようを説明することができるような時代であるとする。その時代が終わり、古代王朝の時代となる。すると、王の権威が現実秩序の根拠とされるようになった。王が現実の秩序者としての地位を占めるようになると、最初は、王の権威が神の媒介者としてのそれであったとしても、権威を築きあげるには、しだいに根拠となるべき事実の証明が必要となっていくとする。神意や、神意に基づく王の行為を、言葉として伝承するだけでは足りなくなっていく。すると何らかの形で（神意を）時間に定着、事物に定着し、事実化して示すことが要求されるようになった。この要求にこたえるものとして、文字が生まれたのである、とする。「文字は神話を背景とし、神話を承けついで、これを歴史の世界に定着させてゆくという役割をになうものであった」としている。だから、先のヨハネ福音書の部分を続ければ以下のようになるという。

「次に文字があった。文字は神とともにあり、文字は神であった」

と。

白川は北京原人の例をあげ、地層的に50万年以前の人骨であるとされるその脳骨の調査をしたところ、彼らがすでにかなりの数の言葉を用いていたことが分かってきたことをあげる。しかし、文字の歴史となると、最も古い文字としてのエジプトやシュメールの文字が成立したのは、紀元前31世紀頃のこととされていて、たかだか5千年前のことに過ぎず、漢字となれば、もっと新しくなって、だいたい紀元前14世紀頃のものである、という。古代の先進的な文字は象形文字であったが、それらは比較的早く滅びたなか、漢字だけは生き残ったという。漢字の背後には、文字の成立以前の悠遠な言葉の時代の記憶もとどめている可能性があり、その意味で漢字は、人類にとっての貴重な文化的遺産であるということができる、としている。文字の起源的な研究には、甲骨文字や金文など、その文字本来の正しい形を把握する必要があるとしている。

2―1　造園関係者にとってのエデンの園（邦文書籍の中の）

1．造園関係者によるエデンの園の記述

造園の歴史に関する通史や総論をみると、そこにエデンの園（1―25）についての記述が見られる場合がある。これまで出版された書籍を通じて、どのような記述が見られたかを調べ以下にまとめる。出版年代順に記述する（1―26）。

1―25　ヘブライ語で（גן־עדן）と表記される。邦訳共同訳聖書の創世記では「エデンの園」という固有名称は使われていない。あくまでも「東の方のエデンに園を設け…」としており、エデンという場所の東側にある園とされる。また、ヘブライ語では、園は「植えられた」と表現されている。

1―26　本報告の内容は日本造園学会九州支部（2019）：研究事例報告冊子 vol. 27. で報告されたが、少し加筆している。

（1）針ヶ谷鐘吉の著書

針ヶ谷は、西洋造園の歴史的変遷（1―27）を述べるに当たって、これまでの多くの著者は古代エジプトを出発点としていること、その理由としては旧約時代には造園が様式として確立していないこと、それは聖書の記事の伝説的イメージが強いためではないかということ、しかし、考古学や民俗学の資料としてひじょうに貴重であること、たとえ宗教的意図から書かれたものであるとしても文学的香りは高く、歴史と詩の中間に立つものであるとする。考古学的発掘を手掛かりにして、旧約聖書の中に記された造園に関連する記事を拾うとして、エデンの園の様子を想像している。樹木を主体とする樹木園の景観を呈していたであろうとする。次に園にあった「生命の木」「知恵の木」が何であるかは分からないとし、ユダヤ人の伝説によれば生命の木はナツメヤシだったとされること、この禁断の木の実を食べたため楽園を追放されたとあるが、その「智慧の木」が、なんであるか聖書は明らかにしていない、としている。智慧の木はデューラー、クラーナハ、ティツィアーノ、ルーベンスなどの画家達に描かれたことでいつしかリンゴとされたこと、他には、オレンジとする説、アンズとする説を記している。あるいは生命の木はイチジクの木であったという説も検討している。目が開けた後のアダムとイブ(1—28)は、自分達が裸体であることを知り、イチジクの葉を綴って裳を作れり、としているところを引き、ここが聖書において最初に具体的な樹木名が示された場所であるとしている。旧約聖書については、1956年の前著にない記述を付け加えた箇所だが、最後に、聖書考古学者はエデンが実在するものと考え、探しているが、聖書は信仰の書であることに重きをおき、空想にゆだねるのが妥当のように思われる、としている。

（2）岡崎文彬の著書

岡崎は、「地中海沿岸の国々」の章(1—29)で、この地域は後世に残るほどの造園

1—27　針ヶ谷鐘吉（1977）：西洋造園史：誠文堂新光社、1—15.

1—28　新共同訳、厳密にいえば、アダムとイブというペアが園にいたといえるのは、二人が園から追放される直前の時期である。

1—29　岡崎文彬（1981）：造園の歴史Ⅰ：同朋舎、32—34.

を創造しなかったとし、小アジアとエジプトとのあいだを占める地中海沿岸南部はいちじるしく支配者を変え、ユダヤ人が自主国家をつくったのは、ダビデとソロモンの時代とマカベヤ王朝のときだけでイスラエル人が独立国家をつくることはできなかったが、それでも創世記のエデンの園とソロモンの庭園には一言だけ触れるとしている。針ヶ谷の詳述に譲るともしている。旧約聖書によれば、エデンの園は人類の始祖が住んでいたという場所で、シュメール語のエディン、アッカド語のエディヌがエデンの語源だともいわれるが、そうだとすればそれは「平原」という意味であること、旧約聖書は初めヘブライ語で書かれたのであるから、エデンはその時点で「楽しい」場所を示していただろうこと、旧約聖書はエジプト王プトレマイオス2世の命により紀元前3世紀にギリシア語に翻訳されたこと、当時アレクサンドリアで72人のユダヤの碩学が72日間かけて訳了したと伝えられていること、そのとき、エデンの園はギリシア語でパラディソスと翻訳されたこと、しかし、「場所はおろか、存否さえ確定されていないエデンの園については造園史上とかく議論する必要はない」としている。そして「いづれにしてもエデンの園は人間性を追求するうえでは重要な資料であるが、造園史からの究明は現時点ではなお無理と思われる。それよりもやや現実味をおびているのはソロモンの庭園である」としている。

（３）高橋理喜男による造園総論

高橋は、６人の著者が共同執筆した造園学教科書のなかで総論を担当し、「造園の本質」という節を書いている(1―30)。造園の本質とは、家と庭の原初的関係にさかのぼって考えるのが適当であろうとした。家を建て、生活に不都合となる自然を遮断して生活することが求められると、その外回りは、最初はアノニマスな共有的形態の場となり、次第に私的な「にわ」が形作られるが、最初は農家の庭先のように生産や生計と密接に結びついた作業的空間が造られたのであろうとしている。しかし、それはまだ庭そのものにはなり得ていない。

ここで高橋は次のTobeyの指摘を引用する。その内容とはすなわち、

『人間の衣食住に対する基本的要求が解決すると、次には環境と結びついて、より高次の精神的側面を発展させるゆとりをもつようになり、その時、〃庭園〃

1―30　高橋理喜男ら（１９８６）：造園の本質：造園学：朝倉書店、１―２.

は人間のエデンの園となった。環境との結びつきは、も早単純な〝経済的〟関係ではなく、木陰、元気回復、清涼などの要求を内容とする関係になった。』であった。つまり、エデンの園は元は神が造った場所であるが、精神的側面を重視するゆとりのある空間を人がつくったとき、それは「人間のエデンの園」、つまり人間がつくったエデンの園になる、ということである。ここではエデンの園に関する関心を、自らの言葉で語るのではなく、アメリカの造園系大学の教授の言葉を引用して述べるという形式をとって示してある。

（4）小出兼久の著書

小出は、庭づくりの原点をたずねて、聖書の庭を探る書(1-31)を書いた。小出はこの書でフランシス・ベーコンが随筆の中で語った庭についての言葉に触発されると同時に、旧約聖書に記述されているさまざまな生活や環境を通して、庭づくりを考え……庭の歴史をとらえなおそうとしたこと、また聖書を子孫に有用な知識を伝え、現代の私達の生活に対しても示唆に富んだメッセージを含む、「緑の書物」として受けとめていることを述べている。聖書全般やエデンの園（楽園）に対する憧れからこれを書いた、ともしている。楽園であったエデンの園からアダムとイブが追われてしまったという記憶が、人間に地上に楽園を再現させようとさせ、庭をつくらせている、ということが欧米でよく言われているとしている。聖書の舞台となった場所を訪れ、聖書の物語と、その中に描かれる植物の記述を引用しながら、旅行中に現地で撮った植物写真を組み合わせ、各植物の特性を考察している。ベングリオン空港のそばに聖書の景観を再現した聖書庭園が造られていることを記している。この本は、聖書の舞台が乾燥地のみと思っている人々に対しては、聖書の中に意外に多くの植物が登場していることを認識させる内容となっている。旧約聖書と新約聖書の両方から樹木、植物生態系について考えさせられる語句を引いて考察している。

（5）進士五十八の日本庭園入門書

進士は日本庭園の見方、考え方、面白さを伝えることを目的とする日本庭園の入

1―31　小出兼久（1998）：聖書の庭：NTT出版、1―8．179―180．

門書（1—32）の中で、従来からあった日本庭園と無関係であるかのようなガーデニングブームを見、庭園は英語でガーデンというが、ガーデンgardenとはもともと防衛するという意味のガンganと、悦び、愉しみを表すエデンedenの合成語である（1—33）ことと、安全で快適な場所であって、人間にとっての理想世界を示し、日本庭園と同意同根であるとしている。都市再生や、自然再生のみならず、ふるさと再生や人間再生もめざさなければならない今の時代のキーワードとして「ガーデン」や「庭園」を読んでみてはどうか、という提案をしている。理想世界の表現として旧約聖書のアダムとイブが登場する楽園として、創世記第2章8、9節を引用し、画家の絵では、庭の中央に生命の樹と知恵の樹という2本の樹が生えていて、中心から四方に向けて大地をうるおす川が流れていること、エデンはヘブライ語で歓楽、愉悦、豊穣、悦楽の意味であるとしている。書籍の半分近くを具体的な名園36か所の歴史と見所の解説にあてて、終わりに庭園の意味論の大切さを説いている。

（6）ペネロピ・ホブハウスの造園史

ペネロピ・ホブハウスは「庭造りの起源」の章（1—34）で、「楽園を庭園とみなす考え方は非常に古く、ユダヤ教、キリスト教、イスラム教の三大一神教のエデンの園より前のものなのは確かである。そしてこれは庭園史の中心テーマであり続けている。

1—32　進士五十八（２００５）：日本の庭園：中公新書、5—8．進士はエデンの園のイメージについて、動物学者のＪ・モリスの言葉からまとめ、それによればエデンの園にある、樹木に実る果物、池の水、池中の魚や鳥、などは、人間が生きるために必要な食べ物や飲み物の象徴で、柵は敵から身を守る設備であり、合わせて「生きられる景観」であると述べている。

1—33　ヘブライ語の גן עדן を想定した指摘ととれる。

1—34　ペネロピ・ホブハウス（２０１４）：世界の庭園歴史図鑑：原書房、19—21．原著は、Penelope Hobhouse (2002) :The Story of Gardening, Dorling Kinderesley による。このパイリダエーザという言葉は、紀元前5世紀のクセノポンが伝えたもので、彼はペルシア王について、「王はどこの国に滞在していようと……庭、土地がもたらすよいものすべてに満ちたいわゆる喜びの庭があるか気にして、あいた時間のほとんどをそこで過ごす」と書いていたことを示している。クセノポンがペルシア語のパイリダエーサをパラディソスというギリシア語に翻訳した、として、旧約聖書の最初の翻訳において庭の意味でパラデスという言葉が使われ、ユダヤ教の翻訳でもキリスト教の翻訳でも、パラダイスという言葉がエデンの園と関連づけられるようになった、としている。

きたという。どの時代においても、エデンの概念は時流に沿うように解釈し直され、整然と配置された場所だと想像されることもあれば、植物が居場所を求めて争うジャングルだと考えられたこともある」「旧約聖書のギリシア語訳では、その楽園について記述するのに、庭園を意味するパラディソスという言葉が使われ、そこは太古の人間が主と和して暮らしていたエデンの園と同一視されるようになった。このユダヤ教とキリスト教の伝承における庭園の神聖なイメージは、新約聖書の教えに入り込み、さらにはイスラム庭園の発達にとって重要なことなのだが、庭園という楽園により信者はきたるべき天国を前もって味わうことができるというコーランの解釈につながった」としている。語源については、パラダイス（楽園）という言葉は、古代ペルシア語のパイリダエーザに由来し、それは周囲を意味するパイリと壁を意味するダエーザが結合したものであるとしている。

（7）白幡洋三郎の日本庭園書

白幡は、京都の仏教寺院に見事な庭園が多いのはなぜかという疑問を主題の一つとして記した書物（1—35）の中で、西洋では教会や修道院はほとんど庭園に関心を払わず、むしろ、宮殿や貴族の館に付随する「世俗の庭」に名園があること、キリスト教が貧弱な庭園文化しか生み出せなかった理由は教義と関係があり、神を崇拝せず神の被造物である自然物をあがめ崇拝する姿勢は教義と相容れないため、石や樹木など自然の素材でつくられた庭園を愛でたり評価したりすることがなかったのである、としている。序論とあとがきではこの問題点について記しているが、最も多く項を割いているのは具体的な京都の庭の解説で、30件の庭について立地、印象、歴史、創建に関わる逸話、論点などを記している。キリスト教の教会だけでなくイスラム教のモスクでも庭園に目を奪われた経験を持つ人はいない、としている。エデンの園についての記述はないが、旧約聖書を教材とするキリスト教とイスラム教の庭園観について言及されていたのでここで取り上げた。

1―35　白幡洋三郎（2012）：庭を読み解く：淡交社、12―13、223．

2. 考察

造園を専門とする論者による論点7件を示した。エデンの園は具体的な形としては残っていないにも関わらず、造園の通史を書き始めたり、造園の仕事をしたりする上で、それぞれの活動の際の原動力となる性質をもっているものであると考えられる。豊かさを持った理想の原初の庭をイメージさせるからである。この庭が現存、固定化されずに、色々に想像することができることようになっていることは大きな意義をもっているのではないか。造園の論者は、エデンの園の物語の宗教的解釈や倫理的解釈については触れていない。エデンの園は3つの宗教の共通の教典の冒頭に描かれた庭である。しかし各々の宗教を学ぶための施設においては、感銘を与える程の庭園としては具現化されていないという指摘もあった。

3. まとめ

エデンの園に関する記述を、自らの書籍に取り入れていた著名な造園専門家の論点を数点見てきた。実在していたかどうかはともなく、彼らは、エデンの園を理想の庭として捉えていた。しかし、各宗教の教義としてみた場合の園の解釈や、倫理的な問題が提起されている場としての側面については、触れていなかった。

2―2　エデンの園における課題

造園とは何か、を聖書や漢字の世界から捉える試みの中で、ではエデンの園において我々は何に注目したらよいのかという点を考え一定の結論を出す必要がある。

ただ、ここまでの議論においてもエデンの園についての重要な点はすでに何点かは指摘した。

邦文資料による造園を専門とする論者達は、エデンの園が理想の場所であったということに注目するも、そこで何が起こったかについて色々な可能性について思い描くことはしていない。それは基本的には賢いからであると思う。形に表されていたかどうか、表されていなければ想像の産物だとして距離をおいている。調べても調べきれないほどの膨大な量の説が出てくるかもしれぬことに対して、あえて向かっていく必要がないということもあろうし、宗教の問題になると色々恐ろしい紛争に巻き込まれる危険があるということもあろう。触らぬ神に祟りなし、君子あやうきに近寄らず、という感じであろうか。もう一つは興味がない、である。普通の日本人は、聖書に興味がない。興味をもつ必要性も感じてはいない。神社に行くときをのぞけば、普段は神の存在を意識していない。地震、雷、火事、おやじ、という言葉がある。すべては別のものである。そしてこのエデンの園の物語においては、神から禁じられていた実を食べてしまったから二人が楽園から追放されたという物語を知ると、ここに登場する神は何と無慈悲な存在なのだろうか、と思う。また、何でもできる神ならば、なぜ智慧の木にヘビを配置していたのかと疑う。本当に人を大切にしているのであれば、最初から善悪の智慧の木など置いておかないはずだ、それを置いている時点で不親切だ、このようなことが書いてあるものには近寄りたくないと思うのであろう。聖書に対してはネガティブなイメージしかないし、根暗なもので、憂鬱な気分になることしか書いていないと思っているであろう。聖書のことが語られれば、なぜか生理的に自然にあくびが出てくるであろう。これは、非常に微妙に聖書の記述の仕方の効果が出ているのである。一つ一つの箇所で疑問が湧いてきて、物語の展開をたどれるほどの関心を持続できないのである。こうして聖書そのものが読者を選ぶ。

物語形式になっているのもよろしくないらしい。所詮つくりばなしであるから、現実とは関係がない、と思えるであろう。つくりばなしでもアニメや漫画になっていれば、少しは関心が持てるかもしれないといったところか。ドラえもんなら面白く読むが……、ということだ。今の日本人は未開民族、もしくは口承文化圏の存在のように、あらたまった文章を書いたり読んだりする必要のない世界に進もうとしているのではないか。

前置きが長くなった。むろん、自分もその日本人の一人である。エデンの園が一種のよい環境を示しているなら、その環境の中で一体何が起こったかに関心をもっても良さそうである。なぜなら、環境を学ぶということは、環境と関わりをもって生きている人間の姿と照らし合わせて学ぶことであると思うからだ。しかもエデンの園には、神と自然と人間というテーマがすべて入っている。

エデンの園を考えていく上において、様々なこれまでの議論を見ていく必要があると思われるが、詳細については、ここでは検討しない。ただ、問題提起だけはしておきたい。筆者は次のような点が意外に大切なのではないかと思うものである。

神はこの園においてアダムに何をしてほしかったのか、この園はどのような環境だったのか、なぜ、アダムには伴侶が提供されたのか。なぜ伴侶はあばら骨から造られるようになったのか、伴侶はなぜヘビの言うことにのってしまったのか、ここに出てきたヘビとは何ものか、ヘビと女の会話の中から学ぶ教訓とは何か、二人をだましたことによってヘビが得た利益は何か、命の木とは何だったのか、二つの対照的な機能をもつ木を神が植えたのはなぜか、二人がこの禁忌を犯した際に、世界はどのように変わったのか、今、エデンの園はどうなっているのか、神は園から二人を追い出したとき何を思ったか、などである。付け加えるなら、エデンの園を再創造するにはどうしたら良いか、という疑問もあるかもしれない。これが正解である、という唯一の答えが出せそうにない問いばかりである。だがこれらは、1―2で示した「造園」という場における一丁目一番地の問題である。多くの論者がどのように考えてきたかもさることながら、個々人が自分自身はこれらをどのように考えるかという解をもつことも重要と思われる。こうした問いに対する回答を考えるのは宗教にまかせておいて……ではなく、または現実的問題に出会った時のオン・ザ・ジョブ・トレーニングの課題だからあとは実務で、というわけでもなく、現実的場面に入る前に色々想像してみることにより倫理的な想像力が磨けるのではないか。造るという行為には倫理的問題が必ず関係するのであるから、こうした物語の中に入り込んでトレーニングしておくことを、学として考えてみることがあってよいのではないか。

こうした詳細に対して興味を持つというのはどういう感覚であろうか。創世記に書かれた内容それ自身に学ぶべきものがある、という考え方をするということである。もし、ここには嘘だらけのことしか書いていない、とか、人間がひねり出した理屈からできた産物がこれだ、などと考えているなら、そもそも上の疑問をここから解決しようと思うことはない。テキストに漏れや欠陥があると思っているうちは、そこから何かを学ぼうとする意欲は持てないのである。

我々の目の前には旧約聖書と新約聖書というものがある。その二つが、分かれた状態で提供されている。キリスト教では、イエスの存在そのものが神である。そのイエスは、旧約聖書に書かれた内容はすべて生きていると指摘したことになっている。次のように。

「わたしが来たのは律法や預言者を廃止するためだ、と思ってはならない。完成するためである。はっきり言っておく。すべてのことが実現し、天地が消えうせるまで、律法の文字から一点一画も消え去ることはない。だから、これらの最も小さな掟を一つでも破り、そうするようにと人に教える者は、天の国で最もちいさい者と呼ばれる。しかし、それを守り、そうするように教える者は、天の国で大いなる者と呼ばれる」（マタイによる福音書5：17）

もし、この姿勢でもって臨むなら、エデンの園について、聖書に書いてある記述が何を言おうとしているか、少しは関心が持てるかもしれない。

しかし、一方でイエスは、律法学者とファリサイ派の人々を非難している。イエスはこの人々を偽善者だと呼んでいる。「彼らは背負いきれない重荷をまとめ、人の肩に載せるが、自分ではそれを動かすために指一本貸そうともしない」（マタイ23：4）、イエスはこんなふうにして充分に一部のユダヤ人を非難している。逆に、十字架につけられたイエスを侮辱してののしったのも、ユダヤ人と思われる、祭祀長、律法学者、長老達であった。

律法学者、ファリサイ派であるユダヤ人にとって、イエスはどう見えるだろうか。イエスはあとから世に出てきた存在である。イエスが出てくる前から、モーセがシナイ山で神から授かった律法は存在していた。ユダヤ人は、特に旧約聖書の最初の五書を、モーセが伝えた書として、トーラー（口伝トーラーとは異なる、筆録トーラのこと）と呼び、重要視してきた。また預言者達の書も存在していた。彼らは、それを大事にして自分達の民族のアイデンティティーにしていた。この書を深く研究していた。なぜそれを研究していたかと言えば、それが神聖な書であると考えていたからである。その書を愛していたからであろう。愛しているがゆえに、その書で分かりにくいところ、疑問の箇所についても、徹底的に考えぬいてきた。筆録トーラーには不可解な場所が多く出てくる。その箇所を理解しようとする意識には、あたかも禅問答における悟りのような解釈をさずかる。また、外の民族にはみせなかったが、シナイ山で、神から頂いたメッセージのうち、トーラーに示さなかったことがあったとした。その知識はあくまで口伝（口伝トーラー）で伝えていくこととされた。しかし、あるときその口伝を文字化して、ミシュナーという書にまとめた。そのミシュナーの言葉を、さらに解説するタルムードというものも持ち始めていく。

しかし、あとからきたイエスがそれらに価値がないようなことを言ってくるのである。彼らにしてみれば、そもそもイエスなど知らないということになるだろう。さらに、自分達の同胞であったパウロが、こともあろうに、イエスの信奉者になってしまった。パウロは、キリキア州のタルソスで生まれたユダヤ人であり、ガマリエルを師として先祖の律法について学んでいた人である（使徒言行録22）。ユダヤの伝統を学んでいた人物である。パウロは改宗したあと、キリスト教徒のなかでも最も大きな働きを成したのである。「使徒言行録」「ローマの信徒への手紙」「コリントの信徒への手紙」「ガラテヤの信徒への手紙」「エフェソの信徒への手紙」「フィリピの信徒への手紙」「コロサイの信徒への手紙」「テサロニケの信徒への手紙」「テモテへの手紙」「テトスへの手紙」「フィレモンへの手紙」、これらはすべてパウロの手になるものである。それらは新約聖書に掲載された。パウロはユダヤ教の持っていた知識、秘儀、また欠点をイエスの物語を完全なものにするために使ったといえる。そして筆録トーラーを、イエスの登場の預言書のような位置づけにしてしまった。旧約聖書の律法は、人間がまもることができないことを指摘し、人間を絶望の淵に追いやるためのものであり、真の救いであるイエスの出現を待っていた場なのだとする。ここから、旧約聖書、新約聖書などの区別が出てくる。

さて、これらのことを知った上で、それでもあらためてエデンの園について深く知りたいと思うだろうか。イエスによる救済が最も大切であると説く考え方をもって、この創世記（のみならず旧約聖書全体）を読み解くとどうなるかと考えていく思考法、もしくは、筆録トーラと並行して教徒の内部で長らく秘蔵してきた口伝トーラと、その口伝トーラーそのものを解釈するために生まれた、さらなる秘伝タルムードなどに基づく思考法、大きく二つの解釈があるらしい。さらに、イスラム教独自の解釈もあるのかもしれない。ここまで知るだけでも、造園の研究者にとっては、それ以上、知る必要はない、もしくは手に余る、となるのではないだろうか。またこれらは、国際的な紛争の論点を掘り起こすだけである。ならば、近づかないようにしよう、となる。そういう意味で理想の場所であったというところまで指摘を終えておくというのは賢明な振る舞いである。

日本の造園の研究者にとっては、別段そちらの方向に進んでいかなくとも、他にすべきことはたくさんあるように見える。歴史的庭園の実作はたくさん残されている。土の中に眠っているものもある。日本の古都京都にいけば、具体的な庭園の数々を実際に目にすることができる。それをもとに調査を始めていったら良いのではないか、となるのだと思う。造園学が現存しているモノについて調べる分野となっていくゆえんだ。このことを別の件に譬えて考えてみる。たとえば、仏教について知りたいという衝動があったとしよう。そのときに、ある特定の仏像の形を調査する。仏像の浮かべている笑み、腕や手の曲がり方、指の開き加減、その仏像の材料となっている木材の科学的分析、こうしたことを仔細に調べてみるとしよう。場合によっては、仏像をどれくらい離れてみると立派に見えるか、仏像を前にした観覧者の行動調査、仏像周辺の環境の図面化などが考えられる。しかしそれは仏像の研究であって仏教の研究ではないのではないだろうか。仏像を美しく造る為の術というのは、仏像を造る作者にかかわるものであるが、それは仏教そのものの教えを探求することと同じではないところがあるのではないだろうか。造園とは仏像を探求するものであろうか、それとも仏教を探求するところのものであろうか。

本書は、もともと石立てという行為を通じて造園を見ていこうとする試みであった。その中で「造園」という言葉を特殊なフィルターで見ると、エデンの園の物語に行き着くということを示唆した。石立ての問題は、ハルプリンからヒントを得た、スコアという観点を適用しながら調べようとしている。これは第二部の4を参照していただきたい。ただエデンの園は何を伝えているか、という具体的な件は、将来の別の機会にゆずりたい。ここでは、それに関して、どのような疑問が湧くかを列挙し、既存説から学んでいこうとすると、どういう問題に出会いそうかという予想をメモするにとどめることとする。

ただし、エデンの園に植えられた木についてだけは述べておかなければなるまい。アダムがエデンの園に住まわせられたとき、主はアダムにその園を耕し、守るようにされたという。そして、人に命じて言われたのは、

「園のすべての木から取って食べなさい。ただし、善悪の知識の木からは、決して食べてはならない。食べると必ず死んでしまう」（創世記2：16―17）

と言った。その善悪の知識の木がどこにあるかは、アダムに事前に知らされていたのか、であるが、これは知らされてはいなかったのではないか。神が土の塵から人の祖先を造ったあと、主は良いものをもたらすあらゆる木を地に生(は)えいでさせられ、そのあと、園の中央に、命の木と善悪の知識の木を生えいでさせられた、としている。地に生えいでさせる、ということは、園ばかりでなくその周囲の場所にも生えいでさせたのであろう。園の中央の木が2種類の特別な木であるということは、アダムにはっきりと告げられたわけではない。神だけが知っていた可能性がある（創世記12：6―9）。ただ、園の中央の木々が、特別な形で（2本が同じタイミングで）生えさせられたものであることは、その場を観察していたアダムは気がついたかもしれない。

この言葉（創世記2：16―17）であるが、カンの指摘（1―36）によれば、ここで神は、

1―36　C. H. Kang による前掲書p・36、p・59

人間が神に対して忠実でいるか、それとも、不従順によって命の与え手である神なる存在から離れてゆくかが決まる一種のテストをしたのだという。園に2本の木がある状態は、「林」という漢字に表されている。一つを選べば従順さと生命、もう一つを選べば不従順と死となるようになっていたという。そして、「示」の字は「神」という字の左側の篇である「ネ」のもとの字であり、「宣言する、口に出して言う、表す」などの意味があるが、これらは神の言葉を意味し、この「示」の字だけでも神を表す、としている。そこで「林」と「示」の漢字を合わせた時に、なにかをしないように命ずる意味である「禁」という漢字になるのは、非常に意味深いとしている。

私も途中から考えてみよう。どちらが生命の木であり、どちらが善悪の智慧の木なのかは最初からは示されていなかった。つまり、創世記の記述の順序に従ってとらえていくなら、園の中央に2本の木があること、どちらが善悪の知識の木なのかは、人類の始祖達には知らされていなかったこと、そもそも2本のうちのもう片方の木が生命の木であることも知らなかった可能性があること、が想起される。善悪の知識の木から取って食べたら死んでしまうので食べるなとされていたが、これらの情報を示すために、2本の木を生えいでさせたあと、してはならないことが何なのかが示されたということであり、「禁」という字をみると、この漢字は聖書の物語を表しているようにみえる、ということである。

2―3　人類の最初の仕事

造園の仕事の中に、維持もしくは管理という仕事がある。この仕事を、創世記2章の記述から確認すると以下のようになる。

神は天地創造のあと、エデンの東に園を設けたあと、土の塊に息を吹きかけて、アダムという最初の人類を造ったが、その最初の人は、神に連れられてエデンの園に住むことになった。神は、人にはその園を「耕し、守るように」させた、とある

（1―37）。この最初の人類、アダムが神から授けられた「すべきこと」は、園を管理することであったと言える。人類の始祖において、最初の仕事らしい仕事は園を管理することであったのであり、聖書の記述では、造園管理がすべてに先立って神様が直接人にするように語りかけた"to do"であり、たいへん根本的な、すべきことなのである。

このとき、その園をどのように耕し、守るようにすべきかについて、神が細かく指示したということは書かれていない。となれば、ここでの園の管理は、人の自主性に委ねられていたのだろうと考えられる。神が自然をお造りになり、それをどのような方法で管理するかは、人に任されたのであろう。ただ神は、人がそれをどのように管理するか、楽しみにして様子を見ていたに違いない。神が何もかもご自分でやってしまえば、それは、神自身が成したことばかりであり、何の意外性も無い。だからこそ、人の自主性にまかせたと同時に、何をするかを楽しみに観察していたと考えられる。神はこの状態をもって、人とのコラボレーションを思いついたと言える。

私達がこの人類の始祖、アダムについての話を読むことができるのは、創世紀の第2章である。第1章には、神が7日間において万物を造られた時のことが書かれているが、人の創造という点においては、第2章がはるかにくわしく書かれているのである。このように、一つの出来事について書かれた箇所が複数ある場合、ユダヤ人の伝統ではより詳しく書かれた方を詳細に検討していくという伝統があるという。私達もそれにならってこの部分をみていくと色々と気づかされることが多いと思われる。

1―37　この部分の日本語訳は、日本聖書協会の新共同訳聖書による。英訳聖書キングジェームズ版の聖書では、"to dress it and to keep it."であり、新エルサレム聖書では、"to cultivate and take care of it."であり、JPSでは、"to till and tend it."となっている。聖書によって訳のニュアンスが異なるところは面白い所である。

3—1　自然を創り出した神

聖書において、自然とはどのようなものとして描かれているのかをみていく。このような意味での自然に対しての記述が、どこに書かれているのかを検討するとき、創世記からエステル記くらいまでの記述からは、一定の探しにくさがある。具体的な歴史や物語を伝えようとする文章の中から自然について書かれた印象的な場面を挙げていくことはできるが、法則性のあるものとしてまとめて明確に示されているとは言いがたい。そこで、聖書が自然をどのように捉えているかが読み取れる書物を挙げてみると、

ヨブ記
詩編
イザヤ書

などがある。

ヨブ記では、神に祝福されて豊かに暮らしていたヨブにことについて、サタンが神に異見を述べた。ヨブが信心深く生活しているのは、神がヨブを祝福しているからに過ぎない。神がヨブを豊かにしている財産を減らせば、神に対する信仰がなくなってしまうはずだとサタンは主張した。神は、そこまで言うならば試してみよとして、サタンにヨブの財産を失わせることを許諾した。神とサタンとの間には取引もしくはコミュニケーションが存在するという考えである。サタンが手を出したので、召使い、家畜、長男の家、そこに住んでいた若い人々があいついで亡くなったが、それでもヨブは神を信じていた。つぎに、サタンは、ヨブの身体を損なわせれば、神のことを呪うだろう、と提案した。ならば、そのようにしてみよ、と神は言う。ヨブはひどい皮膚病にかかった。ヨブの姿は遠くから見ても、見分けがつかないほど醜いありさまになり、ヨブは苦しんで自分の生まれた日を呪った（1―38）。そのとき3人の友がやって来て、ヨブに語りかける。神に対する信仰が足りないか

1―38　強烈な表現がされている。墓穴に向かって『あなたはわたしの父』と言い、蛆虫に向かって『わたしの母、姉妹』と言わねばならないほどヨブは苦しかった。（ヨブ記17：14）

ら、何かあやまちがあるからこそ、そのような姿になったに違いない、神に対して何か逆らっていることがあるのだろうと問いただす。最後にヨブに語りかけたエリフは、神とは、どのような存在であるかをヨブにながながと説明し、神をほめたたえよ、と述べた。そのあと、神はみずからヨブに語りかけた。神は自分のしてきたことを説明する。神は、自分が大地を据えたこと、そのときに、柱を沈めたこと、親石をおいたことを述べた。また、光、暗黒、東風、豪雨、稲妻、雨の操作はだれがしているのか、野生のろば、野牛、駝鳥、馬、鷹といった動物達の特別な性質を示して、このような特別な性質をあなたは動物にあたえることができるのだろうか、とヨブに問い、べへモットやレビヤタンといった動物（1―39）の創造と、それらの特別な強さについて述べて、知っているかをヨブに問いかけた。この書物のなかでは、嵐の中から神がヨブに、自然の様々な営みをあげる。その中には、読者である我々が普段意識しないこと、我々には全く成すことができないことが挙げられていく。たとえば、ヨブ、お前は海が湧き出る深淵の底を行きめぐったことがあるかとか、無人であった荒れ野に雨を降らせるようにしたのは誰かとか、子育てをしている雌ライオンに獲物をあたえてやることができるかなどといった質問である。これらのことを行っているのはまぎれもなくこの私＝神である、として神は自分のことを語る、これがヨブ記の末尾に書かれていることである。

では、詩編に書かれていることは何であろうか。

1「御言葉によって天は造られ、主の口の息吹によって天の万象は造られた」（詩編33：6）

2「森の生き物は、すべてわたしのもの。山々に群がる獣も、わたしのもの。山々の鳥をわたしはすべて知っている。獣はわたしの野に、わたしのもとにいる」（詩編50：10〜11）

1—39　飛鳥昭雄によれば、これは恐竜を表すとする。

3「天において、地において
海とすべての深淵において
主は何事も御旨のままに行われる。
地の果てに雨雲を湧き上がらせ
稲妻を放って雨を降らせ
風を倉から送り出される」（詩編135：6～7）

4「主は天を雲で覆い、大地のために雨を備え
山々に草を芽生えさせられる。
獣や、烏のたぐいが求めて鳴けば
食べ物をお与えになる」（詩編147：8～9）

一番目の記述は、創世記の天地創造の内容を補足するような内容である。天地と全てのものを造ったのは私＝神である。そのようにしてすべてのものが創造されたのであるから、生き物達もまた、神が所有しているものであることになる。三番目

の記述にあるように、雨や風や雷といった現象を生じさせるのも神である。四番目の記述にあるように大地に水が足りなくなれば、雨を降らせ、草をはやし、動物達に食べ物をあたえるのも神である。以上でもって、全てを私＝神が造り、ゆえにすべてが神の所有物であると同時に、できあがったものに対して、自然の相互関係を管理しているのもまた神であるとする。

四番目の記述は、大地が水を欲することがあるように、獣や鳥は食べ物を求めて鳴くことがあることを示している。ここで、獣や鳥には、神から切り離された独自の個体としての生きることへの要求があるように示されている。彼らの食べ物を食べたいという要求は、神の采配により、かなえられるとする立場がえがかれる。

創世記（1—40）などでは、神に対して人間が動物の犠牲を屠る必要があることを述べているが、そのようにして神にささげるように指導された動物達というのは、この詩編に書かれた文脈によれば、もともと神が造ったものである。神が造った動物を、ある一定の作法にしたがって神に対してささげることを求めたに過ぎない。このことは、神にとっては何も失うことではない。神は生き物を造る能力を持っている。何事もなし得る神にとっては、人が動物をささげたからと言って、特に自分の持ち分が増えるわけではない。もともと、自分が造り育て生かしているものに過ぎないのである。しかし、人間にとっては、動物の犠牲を神にささげるということは、努力を必要とする行為となるのであり、その人間の行為をみた時に神は慰められるという物語が語られている。また神は、雲の中に虹を出現させることがあるが、その場合、出現した虹を神があらためてご覧になれば、そのときに「肉なるものを洪水によって滅ぼすことは二度とない」とした人類との約束を想い出すという。（創世記7：17—23）

3—2　神のお姿

エジプトを出て未知なる土地に向かい前へ前へと進んでいかねばならない旅が始まったとき、イスラエルの民達の気持ちがくじけて、元に戻りたいといったらどうするのか。神は、遠回りの道を示したという。葦（あし）の海と呼ばれる海を通る道に人びとを導いたのである。そのときモーセは一種のお守りとして、ヨセフの骨を持っていた。生前のヨセフが、「神は必ずあなたたちを顧みられる。そのとき、わたしの骨をここから一緒に携えて上る（1—41）ように」と言ったとある。目の前のこの旅こ

1—40　出エジプト記12：3—10において、エジプトからモーセ達が脱出する日の前の晩は、いよいよ神が、ファラオがモーセ達の出国を許さざるを得なくなるという、決定的な出来事を起こした晩である。神が指示したことは、モーセ達イスラエル人が、夕暮れに子羊をほふり、その血を入口の柱と鴨居にぬり、その肉を火で焼いて食べるということである。自分達の家の前に、子羊の血を塗ることで、そのしるしの無いエジプト人達のところには災いをもたらすが、イスラエルの人びとの前だけは神が災いをもたらすことなく通り過ぎるというので「過越し」という。これはイスラエルの人びとにとっての正月の儀式となった。この時まず動物の犠牲というものが要求されたことになる。のちにレビ記に示すように、神を賛美したり、罪の償いをしたりする際には、はっきりと動物の犠牲が必要であることを神が言い表すようになっていく。

1—41　エジプトという一大都市を離れる方向に向かって進んでいることを、エジプトから下っていく、という言い方をしていない。彼らのエジプトからの逃避は、「上る」という行為なのである。重要な場所に向かって進んでいく場合には「上る」という言い方になっている。これは特段筆者が気づいたことではない。

そがその、神による救済の旅であること、それを確信し表明するためのものとして遺骨もすでに携帯されていた。遺骨を置いてきたわけではない。持って出かけた以上、この旅こそヨセフの言っていた神の顧みと捉えたモーセの解釈がある。確信をもって前に進む以外にないのである。

イスラエルの人びとの進むべき道は、どのように案内されたかといえば、主（ヤーウエ）が、昼は雲の柱で導き、夜は火の柱で導いたという。これは、主が民に先立って歩まれたこととされている。

主なる存在は直接その姿を人にみせることはできない。このことは、出エジプト記24章10節や33章の20節に書かれている。

モーセが主に言われてシナイの山に登っていったとき、アロン、ナダブ、アビブ、イスラエルの70人の長老と一緒に登っていった。みんなが山の上にいるイスラエルの神を見ると、「御足の下にはサファイヤの敷石のような物があり、それはまさに大空のように澄んでいた」（出エジプト記24：11）という。イスラエルの神を見ようとしたが、足の下の敷石しか見えなかったのである（1―42）。

「あなたはわたしの顔を見ることはできない。人はわたしを見て、なお生きていることはできない」（出エジプト記33：20）

この言葉通り、神が選んだ最も大切な人物であるモーセに対しても、神が通る時には、岩の裂け目の中にいれて、目を隠してから通るという特別な措置をすると言っている。

イスラエルの民達も当然、神そのものの姿を見ることはできないし、見たら死ん

1―42　この山に登る前に、モーセは山のふもとに祭壇を築き十二の記念碑（マッェバ）を立てた。そこで、雄牛を焼き尽くす捧げ物として主に捧げたが、出エジプト11：24に、「食べ、また飲んだ」とある。神に捧げた動物の肉は、のちに食べてもよいことになっていた。いわゆる直会（なおらい）のようなものである。（レビ記3、レビ記7：11―38）

でしまうであろう。そこで神は、自然現象という姿を使った。今の我々からすると、雲が柱のようになったといえば、竜巻のような現象であるかもしれないし、火が柱のようになったと言われてもその自然現象はこれだと言えるものもない。それらが柱状のかたちになることは珍しいことである。しかし、雲や火という自然の姿をかりて、神が直接の姿でないものに仮託して自らの姿を示したということがこの箇所における物語である。そこから読み取れるのは、神は自然の姿をかりて自らの存在を示すことができる、ということである。雲の柱を見て神だ、火の柱を見てそれを神だと捉えてついていかなければならない、のっぴきならない状況である。

雲に仮託された神の姿、火に仮託された神の姿、の二つがここで提示されているのであるが、神はこの二つだけにしか自らの姿を示すことができないのか、といえば、それこそ森羅万象すべてのものをお造りになった存在であれば、自らの存在を様々な姿で指し示すことがおできになるはずである。ここでの事象を雲の神様、火の神様と呼んだとすると、ここだけをみるともう多神教だということになるのである。これはおかしいのである。しかし、この場合はあくまでのヤーウエの化身なのである。おそらくこうした解釈は、ユダヤ教では絶対にしないものであろう。

3―3　被造物の中から現れる神

聖書においては、唯一絶対神がえがかれている。この唯一絶対の神がいるという考え方が、ユダヤ教、キリスト教、イスラム教などの宗教のもとにあり、このような考え方をする所から、世界には紛争が絶えないのだ、それに比して、日本では、八百万の神がおり、多神教であり、すべてのものに神が宿っている、さらにすべてのものが神であるという思想があり、このことが日本という国を世界でも特別な、平和な国にすることに貢献しているのだ、という考え方がある。

自分以外の全てのものが神であるというふうに考える人にとっては、自分だけが一番だと考える思想がなくなり、他の存在も自分同様、もしくはそれ以上に貴いものであることが、見えてくる、これによって他者との共存共栄の考え方が出てくるという考え方である。

そのようにして、聖書にえがかれた考え方と、日本の伝統的な古書、例えば古事記に示された考え方との違いを示し、わが国は非常に特殊な優れた考え方を持っているということを示そうとする。

聖書では、唯一の絶対神の存在を信じているということが、どんな場合にも言えるのだろうか。逆に聖書には、被造物であると考えられるものに神が宿っていると考えられる事象は全く書いていないのかということについて検証してみよう。

エジプトにいたモーセがミディアン地方に身を寄せていたとき(1―43)、羊の群れを追って神の山ホレブまで行ったことがあった。そこで柴の間に炎が燃え上がり、その炎の中に、「主の御使い」が現れたのをモーセは目撃した。モーセがなぜそれに気がついたかと言えば、その柴は燃えているのに燃えつくすことがなかったため、非常に不思議な状態であることに気がついたのである。モーセは、それを珍しげにじっと見ていた。すると、柴の間から、「モーセよ、モーセよ」と神から語りかける声が聞こえてきたという。さらに、「わたしはあなたの父の神である。アブラハムの神、イサクの神、ヤコブの神である」と神が自らの存在について語った。神は、エジプトで奴隷として使役されているイスラエルの人びとをそのうちエジプトから救い出し、将来必ず素晴らしい土地に導きだすこと、そのときにはモーセにエジプト脱出のための指導者になるよう語りかける。

この場面であるが、柴の間から神の声が聞こえてきたとき、その場面にもし人がいたらどう感じるのだろうか。モーセの耳には、最初から神の声として聞こえていたかもしれない。

神はここで、柴と柴の間というきわめて限られた狭い空間の中に、存在しているようにモーセの前に現れた。これはあたかも、柴のかたまりの中にいるかのように

1—43　この下りは、出エジプト記　3：1～6に書かれている。モーセは、自分の同胞のヘブライ人が、エジプト人から打たれているのを見て、そのエジプト人を打ち殺して死体を砂に埋めた。その様子は誰も見られていなかったはずであったのに、後日、同胞のヘブライ人に知られてしまっていることに気がつき、ファラオのいるエジプトからミディアンの土地まで逃れていたのである。

みえる神による働きかけが選択されていたということである。ここで出現した神と、モーセは様々なことを語り合った。

この状況をもし傍からみている人がいたとすれば、あたかもモーセが柴と語り合っているようにみえるであろう。柴の積み上がった中から呼びかける神の形である。預言者と神との対話は、端からみれば被造物（柴）と人間との対話にみえるかもしれない。

イスラエルの一行はモーセの統率によって、カナンの地をめがけて進行を始めるが、モーセがモアブの土地まで来た時、その土地の王であったバラクは、イスラエルの民達に対して宥和策をとるのではなく敵対策をとって滅ぼそうとした。バラクは、ベオルの子であるバラムという人物を呼びに行かせた。近づいてくるイスラエル人達を呪い滅ぼすようにバラムに求めるためである。一度目は断ったが、二度目に使いが来た時に、バラムは使いの者とともにバラクの元へ行くことに決めた。使いの者とともに行くことを許す神の言葉が、バラムに聞こえたからである。その声は、ともに行くことは良いが、神がよいと告げることだけしか行ってはならないという条件がついていた。彼はろばに鞍をつけて出発した。

バラムが出発すると、神の怒りが燃え上がったという。主の御使いが道に立ちふさがって、バラムの行進を妨げた。ろばには主の御使いが見え、バラムには見えなかったため、道をそれて畑に踏み込んだろばをバラムは打って、元の道に戻そうとした。道が狭くなるとついにろばはバラムをのせたままうずくまってしまった。この様子を見て、バラムは怒り出し、ろばを杖で打った。そのとき、主がろばの口を開かれたとしている。ろばは、バラムに対して「わたしがあなたに何をしたというのですか。三度もわたしを打つとは」と語りかけたと書いてある。

この場面は、神がろばの口を開かれたとき、ろばはバラムに語りかけることが可能となったという場面である。人間とことなる動物には、言葉を話す力はないはずであるが、ここでは神の許可を得て、動物が話しかける能力を持ったことを示している。バラムの目には道の前に立ちふさがっていた主の御使いが見えなかったのであるが、主がふとバラムの目を開かれたため、立ちふさがっている主の御使いの姿も目に見えるようになった。そのとき、主の御使いは、バラムに、ろばを三度も打ったのはなぜか、あなたが危険だったから御使いで道の前をふさいでおいたのだ。ろばが御使いを避けていなかったら、バラム、お前のことを私＝神は殺していた、と言っている。

この二つの事例であるが、一番目の話は、神は、天の世界から人に語りかけるばかりでなく、地上の世界における被造物(炎)の中から声として現れている。また、二番目の話は、動物に人に話しかける能力を与えたが、これは神が伝えたいと思ったメッセージを動物に託して話させたものである。

これらは、神は絶対的な存在であり、その他の存在一切は、唯一絶対神に帰依する存在であるという考え方も示してはいるが、一時的には、柴、もしくは柴の間の炎やそのすき間に神が宿っているように、またろばに神が宿っているようにみえる事象でもある。唯一絶対神の自らの出現の仕方は、他の存在の中から立ち現れるかのごとく登場することができるということではないだろうか。

こうした神の出現の仕方、もしくは神が自らの御意思を自然現象に托して表現される場面と言うのは、聖書においては、他にも見いだされる。

モーセに率いられてイスラエルの民達がエジプトを脱出したとき、神は民達を葦の海の方に向かうように導いた。そのときは、主が先立って歩み、民達はそれについていった。その時のことは以下のように書かれている。

「主は彼らに先立って進み、昼は雲の柱をもって導き、夜は火の柱をもって彼らを照らされたので、彼らは昼も夜も行進することができた。昼は雲の柱が、夜は火の柱が、民の先頭を離れることはなかった」（出エジプト13：17―22）

と書いてある。雲や火というものは、この場合サインである。このあとについてくるようにという神のはからいである。イスラエルの民達はサインのあとをついていった。昼は雲の柱についていき、夜になれば必要に応じてテントを張って一時的にそこに駐屯したであろう。その歩みは必ずしも直線のようではなく、カナンの土地に入るのにおいても、最も近い死海の南西から北上するのではなく、死海の東側へ迂回し、巻き込むようなルートが選ばれたのである。雲や火は、神の被造物である。神ご自身が雲や火という形をとって人々を導いたというわけであり、絶対神という、本来なら、姿形のないはずの存在が自然現象という形として自らを現されたということである。すると、神の形、姿というものは、常に抽象的なものではなく、ここでは具体的な自然現象となって現れたということである。雲として現れた神にAという名前をつけ、火として現れた神にBとして名前をつけると、見かけ上、神の姿がたくさんあるようにみえてくるが、一つの神なのである。

4―1　二元的要素の出現についてみるための前提

中国の古典に陰陽五行論がある。陰陽五行論のもとには陰陽説がある。ここではその引用はしないが、聖書の中にも陰陽について示した箇所がある。陰陽とはつまり対照的な性格をもつ二者についての言説である。

私達は、時間とともに豊かさを増していくデザインについて考えている。そのようなデザイン論を聖書の中から探る。私達は生きていくための実空間を豊かなものにしていきたい。形ある世界のなかで、たしかな手応えのある形あるものに囲まれながら豊かさを体験していきたいと考えている。

しかし、形あるものにたいする執着は、偶像崇拝であり、神が禁じていることである、という考え方を強固に守っていくならば、私達の身の回りの形をデザインしていくことは難しくなる。次の言葉がモーセの十戒のうちに語られている。

「あなたはいかなる像も造ってはならない。上は天にあり、下は地にあり、また地の下の水の中にある、いかなるものの形も造ってはならない。あなたはそれらにむかってひれ伏したり、それらに仕えたりしてはならない。わたしは主、あなたの神、わたしは熱情の神である」(出エジプト20:4―5)

偶像崇拝を徹底的に避けていくならば、神が創造して造った形ある被造物を模倣して形をつくってはならない、ということになる。もし形あるものを造っておく必要があるとするなら、その制作は聖書の律法に無縁な人びとに任せて、出来上がったものの効用だけは、ありがたくなさそうな表情で静かに享受していくという生き方になる。もしくは、神が造った被造物を模倣したものに対しては異議申し立てをして、それを破壊していくことに携わることになる。この生き方のポリシーに忠実にしたがっていくといったいどうなるのだろうか。

作庭記の中に次のように庭を造るべきであるという指摘(1―44)がある。

「地形によりいけのすかたにしたかひてよれくる所々に風情をめぐらして生得の山水をおもはえてその所々はさこそありしかと思いよせ思いよせつつたつへきなり」

「国々の名所をおもひめぐらしておもしろき所々をわかものになしておほすかたをそのところになすらへてやはらけたつへきなり」

森蘊(おさむ)の現代語訳によれば、

一番目の箇所であるが、「自然風景を思い出して、あそこはこうであった、ここ

1―44 森蘊(1986):「作庭記」の世界:日本放送出版協会、1986、43.

はどうであったなどと、思い合わせて立つべきである」となる。

「立てるべきである」というのは、直接の文意では石を立てる、ということなのであるが、当時は、「石を立てる」ということは、庭をつくる、ということと同じ意味だったらしい。自然風景を思い出しながら、庭を造れ、というのがここでの要点である。自然風景というのは、神が造ったものである、それを思い起こしたり、それを模範として形を造ったりするのは、偶像崇拝や自然崇拝になりはしないだろうか。

出エジプトの先ほどの引用箇所における偶像崇拝の描写だけでは、何をもって偶像崇拝というのかの具体的事例が分からないので、別の箇所からそれを探ってみよう。

同じ出エジプト記の中でも32章においては、モーセが神と出会うためにシナイ山に登っている間に、山のふもとでイスラエルの民達が、のみで型を作り、若い雄牛の鋳造を造ったという。それは民全員がつけていた金の耳輪をはずして造ったものだという。当時のイスラエルの民は、その鋳造を神とあがめてひれ伏し、生け贄をささげたと書かれている。このことに対して神はひどく怒り、モーセはそれをやめさせるために下山した。先に見た出エジプト記20章と合わせてみてみると、神が怒りを感じるような行為とは、自然界にあるものの模倣に加えて、それを崇拝することである。二つの要素が重なっている。

そこで、本節では、被造物の具体的な形を模倣することなく形を造るということはどういうことかを考えてみたい。これは自説である。

そのためには、形を造るときに、できるだけ天然にできているものを模倣しないということが出てくるのではないか。自然界の中にあるものでも、そのまま見えるものではなくて、人間が自らの解釈の技によって、あるときはシステマティックに、ある時はコンセプチュアルに捉えてものをつくる。見えるものを模倣するのではないのである。子牛を元に、子牛の形を金という素材で模倣してつくる、という場合でも、子牛をリアルに3次元に形作るのではなく、想像世界のものとして、リアルなものからいったん距離をおいて、ワンクッションはさんだ上で形作れば、それはまず、天然のものを一生懸命模倣したものとは異なるのではないだろうか。

ダンカイリーのランドスケープ・デザインにおいては、幾何学的形態がよく用いられていた。その理由もこのようなところにあるのではなかったか、と筆者は考えている。

さて、デザインの話に戻るのであるが、聖書における解釈というのは、ある特定の場面についてより深く考えていく解釈と、離れた箇所にある同一のことについて書かれた内容を比較検討する解釈とあるであろう。ある特定の場面に対する解釈ということでいえば、聖書で、ある人物が神に対して不従順であったために命を断たれてしまったように描かれている場面を、それは罰としてそうなったのではなく、神の祝福によって早く命を奪い、神に近いところに来るように召還したのだという解釈をするとしよう。この読み方は、ハシディズム派のラビが、民数記16章について適用した解釈（1―45）である。興味深い解釈である。筆録トーラーには、神から罰せられたとしているのに、口伝トーラーでは祝福の行為であったというように、表面上の読み方と、裏の読み方が異なるというものだ。このような読み方をすると、一つの物事の間に二つの相対する意味を認めてゆく。

しかし、このように読んでいくと、現実世界をデザインするという物語を発掘できていないのではないかとわたしは思うのである。現実世界というのは、時間とともに変化していかねばならない。だから、一つの出来事の中に相反する二つの要素を両方認めてしまえば、欠けている側面はなく最初から充足している。時間が経過しても何か変化をもたらす必要はないということになる。であるから、あることが起こったとき、そこに何か不十分な点があることを認識するような読み方をしないと、時間とともにデザインしていく、という概念が出てこないのである。たとえば、アダムという人類の始祖は、最初から両性具有の存在であって、あるとき神の

1―45　Rabbi Eliyahu Touger (1995) : In The Garden Of Torah: S.I.E. Publication, 73-77.

働きにより両性具有だったその身体がただ二つに分離しただけだと、ハシディズム派は解釈している。しかし、それでは不均衡な部分がないのである。最初から完全である。それならば、助け手が必要となるのであろうか。

あることが起こる、あるものが完成する、その出来事をよくみて、私達はその中にある不完全性を時間とともに発見する、次に、その不完全性の性質と反対の要素となることが何であるのかをみきわめて、それを充足する行動を起こす、あるいは反対の側面を持つものを完成させる、……というように、陰陽（はじめから何が陰で何が陽かは分かっていないとして）を時間とともにバランスさせていく考え方が必要である。聖書を読む時も、そのように、時間とともにバランスがとれていく、という読み方を取り入れていく必要があるのではないか、それができなければ、現実世界に新しい理想のデザイン（形）を探求してくことはできないのではないかと思うのである。このことに気がついたのは、筆者が、ユダヤ人達が聖書について議論しているジャーナルに次のようなアイディアの論を投稿したときである。一例をあげると、モーセが神からもらった十戒(1―46)について、10個あるうち、肯定的命令（～せよ）と否定的命令（～してはならない）の数が同じ数ではなく、否定的命令の方が多いということに関するものである。我々はフランス式庭園がモデルとしているように左右対称という幾何学的概念を持っている。肯定の側にあるものと、否定の側にあるものに関して、５：５がバランスをとれている状態であると考えると、２：８というのは決してバランスがとれているという状態ではない、非対称であり、この状態は天秤で言えばどちらかに傾く状態である、というような指摘をした。この考えは受け容れられなかった。評者からは一言、バランスはとれていると思うのですが、というコメントが返ってきただけであった。

1—46　モーセが神から戒めをもらった機会は何回かあるが、ここでは、出エジプト記20章を参照している。一つ留意事項がある。新共同訳聖書ではこの「十戒」は、肯定命令（～せよ）と否定命令（～するな）からなっているが、ヘブライ語聖書では8個ある否定形が使われている戒めは、「あなたは～するか、いやしないはずだ」、というような意味になっているらしい。英語では、"You shall not..."と訳されている。The Jewish Publication Society (2000)：JPS Hebrew-English Tanakh：155-156．しかし表記方法が異なることは事実である。

陰陽道が、いまここにある物事に最初から二つの意味があるとか、神がものごとを出現させるに当たっては、同時に陰陽を生み出す、というふうに捉えるだけでは、常に現実は充足している。人間が関わって何かものを造りデザインしていくということは、いまある物事にある種の性質がより多く存在しているのではないかということを見いだし、それの反対概念がいまだ実現されていないのならそれを見つけて次にそれを実現する、という形をとって発展していくものではないだろうか。それが時間を作り出すということになるのではないだろうか。最初から充足しているならば、時間という概念は必要ないのではないか。人間が時間とともに生きていく必要もないのではないか。

4—2　二元的要素の出現

前の節で、偶像礼拝とは異なる創造性が要求されていく前提について考えてきた。偶像礼拝を避けてそれでも創造的に生きるためには抽象的な世界を探りながら、抽象性から具体的な世界を描き出さなければならない。そこで、聖書において神がどのように世界を創造したかをみていく必要がある。

まず、人類の祖、アダムとエバの誕生の場面をみておく必要がある。この場面では男性と女性の誕生について書いてあると多くの人は思っていることだろう。神は、エデンの園を造り、そこに男性と女性がいた、女は禁じられていた木から、ヘビの誘惑にのってリンゴの果実を取って食べて、それを男に渡して男も食べたため、二人は楽園を追放された。楽園から出てきて暮らしはじめた世界が、我々が生きている現在の世界だ、という理解である。これが、人類の原罪となっているため、人類は常に罪を背負って生きねばならない、という話も付いていることであろう。

しかし、もう少しそれぞれの場面をよくみていく必要がある。

主なる神は、土の塵でヒトの形を造って、その鼻の部分にご自身の息を吹き込んだ。するとそれが生けるヒトになった。土のことをヘブル語で「アダマー（אדמה）」と発音するが、アダマーを材料にして造ったものであるためそれを「アダム（אדם）」と呼んだ。人間は、死ぬと土に還るが、その性質をよく表した言葉であり、語呂合わせのような名前の付け方である。つぎに神はエデンの東に園を造った。園の名前が「エデンの園」であるとは書いていない。そのあとに、アダムは、エデンの東にある園に連れてこられた。おりしも、見て心地よく食べておいしいものをもたらす木が、周りに生えいでさせられた。そのためアダムが食べ物に困ることはなかっただろう。人に恩恵のみをもたらす自然の姿である。見るからに好ましく、とあるので、美しい樹木ばかりだったであろう。園に連れてこられたといっても、アダムは園の中も外も自由に移動することはできたのではないかと考えられる（1—47）。アダムは、園に連れてこられる前に「生きる者」となっていたが、そのときに園ができる前の世界も経験したのかもしれない。東の方のエデンに設けられた園に連れてこられたあと、主なる神が見るのに好ましく、食べるに良いものをもたらすあらゆる木を、地から生えいでさせられたのであるから、アダムは地からさまざまな樹木が生えてくる様を目撃したであろう。また、主なる神は、園の中央に2本の木、すなわち命の木と善悪の知識の木を生えいでさせたのであるが、この2本の木が生えてくる様子をアダムは見ることができたかもしれない。もしその生えいでる様を目撃することができたのなら、この2本だけが、他の樹木とは異なるタイミングと条件で出てきたことに気づいたかもしれない。しかし、聖書のこの箇所の記述によれば、主なる神はアダムにまさにいま生えたのが、命の木と善悪の知識の木である、と教えてくれたわけではなさそうである。

聖書の次の記述は、この場所に川が流れていることを描いている。エデンから一

1—47　この類推は、次のことから判断した。創世記3：24で、エデンの園を追放されたとき、アダムとイブが、命の木に手を取って食べることがないようにするために、神は園の東にケルビムときらめく剣の炎を置いた、と書かれている。もう二度とエデンの園に入れないように、園の警護を固めたと言っているように読める。こういう事態になる前の状態であれば、このような守りは必要がなかったと考えることができるのではないか、ということである。

つの川が流れ出ていたのであるが、その川は園を潤すと、途中でわかれて、４つの川になっていた。エデンから川が流れていたということから、エデンは高い山や丘のような場所であり、園があったのはエデンの山のやや下の辺りであったと推定される。西側が高く、東側が低くなっている地形である。

エデンの東の園においてアダムが神から命じられていたことは、神が造った園を耕して、守ることだった。この状態でしばらくの時間が過ぎたと想定してみよう。アダムは、幸せであったのではないだろうか。聖書中にはアダムがこのときどんな気分で過ごしていたかについては書かれていない。この時のアダムには性別はなかったと思われる。人類の始祖であるアダムは、男性でも女性でもない状態であり、現在の地球で見ることができるヒトとは異なる生き物であった可能性がある。そこでの暮らしは満ち足りていた。

この場面のあとで、園の中央に生えいでさせられた2本の木の一本についての話が出てくる。

「園のすべての木から取って食べなさい。ただし、善悪の知識の木からは、決して食べてはならない。食べると必ず死んでしまう」（創世記２：16）

と主なる神は言われた。この段階において、全ての木から取って食べなさい、ということと、ただしある特定の木からは食べてはならない、というのは、矛盾する。そういうなら、最初からまず食べてはいけない木に言及し、それ以外の木からは何でも食べなさい、と指示した方が分かりやすいのである。すべての木から取って食べなさいという指示が先にあれば、まずは、地上に生えいでさせられた素晴らしい木のすべてを試してみなさいという意味である。これは、主なる神がどれほど食べるに良いものを準備してくださったかを実際に確かめ味わう体験となろう。主なる神からの愛がどれほどのものであるのかを、食べてみることによって味わうことができる。さまざまな木を生やしてくださったので、この体験はつきることなく探求できるものであったに違いない。しかし、その中のどこかに食べてはいけない木があるというのであった。

この時点で、園の中央の2本の木は、他の木と異なって、ずれたタイミングで生えいでさせられたものであったことをアダムが思い出すことができれば、あの2本の木はどうも怪しいと類推することができたかもしれない。しかし、この園がどれくらいの広さであり、他にどれほど樹木を生えいだされたかについては何も情報はないので、他に何もない開放的な場所の中央に明らかに目立つ2本の木を生やされたのか、鬱蒼と茂った森の中央に他の木に混じって2本の木を生やされたのかが分からない。ヤン・ブリューゲルの「エデンの国」は後者のアイディアで描かれている。

こうなれば、食べてはいけないという木がどの木であるかは、アダムには分からなかった可能性があるのである。

しかし、のちにヘビに話しかけられたイシャー（女）が、ヘビに対し、園の中央の果実だけは食べてはいけないのだ、と答えたところから判断して、アダムは園の中央の2本の木のどちらかが善悪の知識の木であることを類推し、イシャーに伝えていたことが考えられる。

主なる神はこのあと、

「人が独りでいるのは良くない。彼にあう助ける者を造ろう」

と言った。

そして、さまざまな生き物をアダムの前に連れてきて、アダムがそれらに名前をつける様子をご覧になっていた。その様々な生き物は、土で形づくったものだった。どうやらそれらには、画竜点睛、主なる神の息の吹き入れが行われなかったようである。差し出された生き物をアダムは興味深く見て、何らかの音を発するようにして表現すると、それが生き物の名前になったのであった。このプロセスがなぜ行われたかについてのヒントは、ハシディズム派の解説では書かれていたがここでは取り上げない。次々に連れてこられるこれらの生き物を、アダムは自分の助け手であるとは全く認識しなかった。そこでこのあと、主なる神は、アダムを深い眠りに落とし、そのあばら骨を取り出すと、本体の肉は塞いで、そのあばら骨から女を

造り上げ、それをアダムの前に連れてきた。そのとき、アダムは、

「ついに、これこそ

わたしの骨の骨

わたしの肉の肉。

これをこそ、女（イシャー）と呼ぼう。

まさに男（イシュ）から取られたものだから」（創世記2：23）

と言った。目前に連れてこられたその存在を見た瞬間に、アダムは、自分はイシュであり、目前の存在はイシャーなのだと、両方の存在に名前をつけたのであった。この時、助け手には自分の名前の発音を生かした呼び名をつけた（あとがき注2参照）。生き物達をみてそれに呼び名をつけていた訓練が生かされて、たちまち名前をつけてしまった。また、連れてこられた存在に対しては、アダムの側から話しかけている。

アダムは深い眠りに落とされていて、あたかも麻酔がかけられたあとの手術のように、意識がない状態であばら骨を取り出され、しかもその施術のあいだにひらか

れた身体はもう塞がれていたにも関わらず、目の前にいる生き物が、自分の身体の中から取られたものから成り立っていることを喝破した。アダムの能力はなかなかのものである。これまで連れてこられた生き物のときには感じなかった、何らかの知覚がアダムに、目前のものは他の生き物とは違うということを感じさせていた。アダムには超能力があったのだろうか。やはりアダムは身体的に何か違和感を覚えていたのだと思う。胸のあたりに何かのうずき（肋骨がなくなった痛み）を感じていたのかもしれない。主なる神が成した技を想像することができたのかもしれない。アダムには類推能力があったことになる。

目の前にいる生き物に対してアダムは最初の詩らしきものを発した（創世記2：23）。それは、連れてこられた他の生き物に対して発した単なる名前とはことなり、フレーズを伴う言葉である。アダムがはじめてしゃべった内容なのではないか。コミュニケーションのために人に言葉が必要になった瞬間であった。

主なる神はなぜアダムのあばら骨から助け手を造ったのであろう。もし身体の他の部位から造られたらそれがどんな存在になったのか、それぞれの場合の不都合な状態については、ユダヤ人はきちんと根拠を考えて想像して、あばら骨であったことの必然性を説く。もし主なる神がアダムを造った時のように、土の塵で人の形を造ってそこに息を吹き込んで造ったならば、それは、独立したアダムが二人できるだけである。もちろん主なる神にはそうした生命体の造り方は可能であったであろう。すでに一回は実施済みである。しかしこれではそれぞれのアダムどうしにつながりがない。アダムの骨を使って助け手を造ることにより、この助け手はアダム自身を根本としてもっているから、最初からアダムとの物理的関係性があるのである。

助け手が、助けるべき相手に対して、最初から確かな関係性をもつように主なる神は設定したのであった。神はわたしをアダムの骨から造ってくれたということになれば、この存在は、神に対して恩を持っていると同時に、アダムに対しても恩をもった状態にある。

この後、園の中で、イシャー（女）はヘビと出会う。ヘビは、野の中で最も賢い生き物だったという。野の中でということは、このヘビはもしかしたら、園の外にいた存在なのかもしれない。このときには、園の中にいて、イシャーに話しかけるのである。

と、ここまで書いてきて、このような旧約聖書の読み方は、キリスト教的ではないだろうとあらためて思うのである。キリスト教なら新約聖書、イエスによる救済を第一に考え、旧約聖書は古い契約であり、イエスの出現を保証するための場である。一つ一つを細かく検討するなら、それはみなイエスの出現に結び付けてとらえなければ意味がない。

ヘビは言った。

「園のどの木からも食べてはいけない、などと神は言われたのか」

この質問は、イシャー（女）にどの程度まで情報が伝わっているかを確認する意味がある。まだ助け手であるイシャーが誕生していなかった時に、主である神がアダムに伝えた内容である。もしアダムがきちんとイシャーに伝えていなければ、イシャーは知りようがない。ヘビにしてみればまずこの質問によって、二人のコミュニケーションがきちんとなされていたかを推し量ることができる。これからの問答によってまず助け手であるイシャーを篭絡することができれば、イシュの方も一網打尽にできると考えたのなら、このヘビの深謀遠慮は相当なものである。

まず、質問は簡単な内容から行われた。情報伝達がしっかり行われていたのなら、神はそのように言ったのではないことは分かる。イシャーは、

「わたしたちは園の木の果実を食べてもよいのです。でも園の中央に生えている木の果実だけは、食べてはいけない、触れてもいけない、死んではいけないから、と神様はおっしゃいました」（創世記3：2―3）

と答えた。

アダムからの伝達によって、園の中央に生えている木から取って食べないよう

に、触れてもいけないという新しい言葉が入り込んでいるのが分かる。触れることを禁止しておけば、食べることもないのであるから、より厳しい抑制がはたらいており、禁忌をおかす確率は低くなるであろう。

ヘビはイシャー（女）に言った。

「決して死ぬことはない。それを食べると、目が開け、神のように善悪を知るものとなることを神はご存じなのだ」（創世記3：4―5）

これは、完全にミスリードである。この言葉には、主である神の言葉を否定する内容が入っている。神の言ったことは嘘であるというのと等しい内容である。神が死ぬ、といっていたのに、ヘビは死なない、と言っている。また、神のような存在になれるという誘惑が入っている。もし神にあこがれを持っている人であれば、そのようになれる、と言われると非常に魅力があるように思えるであろう。

イシャー（女）が見ると、その木はいかにもおいしそうで、目を引き付け、賢くなるように唆していた。女は実を取って食べ、一緒にいた男にも渡したので、彼も食べた。

二人の目は開け、自分たちが裸であることを知り、二人はいちじくの葉をつづり合わせ、腰を覆うものとした。（創世記3：6―7）

ここで、イシャー（女）の行為として、主なる神が最初に示していた「してはいけないこと」をしてしまった状態がうまれた。その実をイシュ（男）にも渡して、二人とも食べてしまったという。イシャーが実を取って食べたのと、イシュ（男）に渡したのには、あまり間がない書き方にみえる。実はイシュ（男）もすぐそばにいたのではないか。この将来を決する大事な出来事の中にいて、そばにいるのにイシャーに判断を任せたイシュのありようがさりげなく描かれている。イシャーが見ると、その木はいかにもおいしそうだったというが、それが、その頃のすべての木のありようではなかったのか。どれも魅力的であり、どれも食べて良いものをもたらしてくれる木にあふれた場所にいたのだから。この場面に象徴されていることは、最初の「人」は、おいしい実を食べるのに、自分で取らなければならなかったのに、この助け手の存在によって、他の個体に取ってもらうという体験をすることができるようになったということである。

このあと、主なる神が、園の中を歩く音がきこえたとき、アダムとイシャーは、園の木の間に隠れたので、主なる神はアダムの名を呼ばれた。

「どこにいるのか」

彼は答えた。
「あなたの足音が園の中に聞こえたので、恐ろしくなり、隠れております。わたしは裸ですから」（創世記３：10）

アダムの感性に、実を食べる前との違いが生まれているようである。

このあと、神は、二人とヘビに、以降は新しいルールで生きることになったことを告げる。イシャーには、はらみの苦しみがあること、アダムには土が呪われるものとなったために、生涯食べ物をえるために苦労しなければならなくなったこと、土はもはや見てよし食べてよしという木が生え出る場所であることから、茨やあざみを生えいでさせる場所となり、アダムは働いて生き、最後は死に、土に返るということになった。

さらに、

「我々の一人のように、善悪を知るものとなった。今は手を伸ばして命の木からも取って食べ、永遠に生きる者となるおそれがある」

と主なる神は言い、二人を園の外に追い出したのであった。

私は、主なる神が最初から、どれを命の木とし、どれを善悪の知識の木としたか、ということとは関係なく、二人は主なる神の禁止した行為をしてしまったことが分かるように書かれているということに気づいた。

主なる神が言われた、それを「食べると死んでしまう」という言葉に対して、ヘビが言った「決して死ぬことはない」という言葉、そしてそれを食べると神のように善悪を知るものとなれるといって提示されたまさにその木の実を食べたことに神の言葉を尊重しなかったことが表れている。ヘビの言った言葉である、決して死ぬことはないというのは明らかに嘘（神の言った言葉と反対する）であり、神のように善悪を知るものになるというのは、半分は嘘であり、半分は真実（神の言った通り）である。善悪を知るということが、神のようになることだというアイディアは、主なる神が定めて伝えた内容ではない。新しい情報であった。新しい情報であり、参考になる情報である。わたしは、主なる神が、最初から2本の木のうち、右側を善悪の知識の木、左側を命の木などと定めていなかった可能性を感じる。

これはよい機会だったのかもしれない。主なる神は、ヘビの登場を許容し、そのことによって園の中央の2本のうち、どちらが善悪の知識の木であるかを教えてあげたようなものである。これを機に二人はさらに気を引き締めて、提示されたその木からは遠ざかるようにしておくこともできたはずである。または、ヘビが提示しなかった方の木の実を食べてみるという冒険に出ることも可能であった。しかし、ヘビが提示しなかった方の木の実を食べれば、これもまた、主なる神が伝えた内容と反する行為になったであろう。何しろ、嘘を教えたヘビの言ったことを信じたということにはかわりがないからだ。

また、ここには、造園における維持管理という仕事が生じたことが示されている。大地が人間にとって必要なものだけを生み出すのではなく、そのまま放置すれば、必要なものさえ覆い隠してしまうような雑草などの植物もまた生み出す場所になってしまったのである。であるから、現在の造園業的実務もしくは農業実務の中の、維持・管理は、この土が呪われる、というところから生じたものであると考えられる。

二人を園から追放する直前に、主なる神は、もし「命の木」の実を食べると「永遠に生きる者になる」かもしれないということを発言した。主なる神はそれでは人がかわいそう（生きている間に働きつづけなければならないが、死を通じてその状態から解放されるという設定がはずれて、無制限に永遠に働き続けなければならない状態）なので、その可能性がなくなるように園から追放し、二度とその身のまま園に入ってくることがないように園の入り口の警備を固めたのである。

この情報もこれまで二人には伝えられていなかったのである。２本の特別の木があり、そのうちの一つについてだけ食べてはいけないと言っており、もう一つを食べるとどうなるかは教えていなかった。しかし、ここで初めて、一方は死を導くことになり、一方は不死を導くものであったことが明かされるのである。

そこで私は、この現実創造の仕方、情報が明らかにされていく摂理というものが、不均衡に展開するものであるということを読み取る。何を食べてもよいという自由、しかし、その中でこれを食べると不都合が起きるという情報までが与えられていた。主なる神の言葉を信じて進むか、それを尊重しないで進むかの選択の自由は与えられていた。最初からアダムとその助け手に、問題の木に近づかないようにプログラミングしておけば、もとより食べることはないはずであるが、そういう存在として二人を造ったわけではない。したいことをすることができるように、また、主なる神から離れて、自分の意欲を持つことを許容し、実際にそのようにこの生き物は動いた。この被造物の作成は成功したといえる。主なる神の意志だけを遂行するのではなく、独自に判断し行動できる生き物を造ることができたのであるから。

自分の命令通り、何一つ寸分たがわぬことしかできない存在を創造した場合、それは自分の思い通りの世界ができはするが、そこには何の発見も意外性もない。すべてが自分の分身であるという状態になってしまう。

人間の選択は尊重された。そして、その選択をみたのちに、もう一つの木から食べていればこういうことが起こったはずだ、という新しい情報が示された。そして、これが現実創造の方法である、ということを暗示しているようにみえる。ここには、いくら陰陽道が現実の真理であるからと言って、常に充足した二つの出来事が展開しているというのではなく、時間の差とともに、バランスがとれていく展開がなされていく方式があることが示されている。それであるから、聖書を読むときに、一つの出来事を深く掘り下げていく読み方だけでは不十分であり、出来事の表面だけを追ってみていく見方が、時間にともなって現れていく世界の存在を感じさせてくれるのであり、その意味である個所の深読みとあわせて、浅い表面をつなげて時系列的に何が起こっているか、時間をかけて展開していく現実というものの正体をも見つめていく必要があるのではないか。その意味で不均衡は不均衡であると見つめていく思想、たとえば、シナイ山で神からいただいた十戒がなぜ、肯定的表現と否定的表現の数が同じではないのか、不均衡になっているのかという、表面的な意味を探っていくのも新しい発見につながるのではないか、と思うのである。

5—1　石と岩について（石の文字とヤコブの石立て）

石と岩、それぞれに与えられた意味は何であろう。漢字の元は、中国の古代にあるのだから、それを踏まえなければ漢字について何も論じられないと言うのは、白川静氏の言葉(1—48)であった。一方、漢字の聖書的な意味については、C・H・カンとE・R・ネルソンが1979年に出版した書籍(1—49)に詳しく書かれている。その書で直接取り上げられていなかった漢字として、ここでは、「石」と「岩」という漢字をみていこう。まず、石という字である。石という素材は、日本の伝統的な作庭において非常に重要な材料であり、「石を立てる」という行為は、平安時代の頃は、「庭をつくる」行為と同義であった。これに関する聖書の語句としては、次のものをみておきたい。

「初めに、神は天地を創造された。地は混沌であって、闇が深淵の面にあり、

神の霊が水の面を動いていた。神は言われた。『光あれ。』」（創世記1章1～3）（傍線筆者）

「あなたにはレビ人アロンという兄弟がいるではないか。わたしは彼が雄弁なことを知っている。その彼が今、あなたに会おうとして、こちらに向かっている。あなたに会ったら、心から喜ぶであろう。彼によく話し、語るべき言葉を彼の口に託すがよい。わたしはあなたの口と共にあり、また彼の口と共にあって、あなたたちのなすべきことを教えよう。彼はあなたに代わって民に語る。彼はあなたの口となり、あなたは彼に対して神の代りとなる。あなたはこの杖

1―48　白川静（1970）：漢字：岩波新書、21．次のように書かれている。「文字の起源的な研究には、まず甲骨文字や金文によって、その本来の正しい字形を把握することが必要である。そしてその形象の意味するところを、当時の観念や思惟方法に従って理解するのでなければならない。象形字の理解は、みたところ容易なようであっても、その内包する意味を把握するには、周到な古代学的方法が用意されなくてはならないのである」

1―49　注1―15参照

を手に取って、しるしを行うがよい」（出エジプト4：14）（傍線筆者）

「聞け、わたしの言葉を。
あなたたちの間に預言者がいれば
主なるわたしは幻によって自らを示し
夢によって彼に語る。
わたしの僕モーセはそうではない
彼はわたしの家の者すべてに信頼されている。
口から口へ、わたしは彼と語り合う
あらわに、謎によらずに。
主の姿を彼は仰ぎ見る。
あなたたちは何故、恐れもせず
わたしの僕モーセを非難するのか」（民数記12：6〜8）（傍線筆者）

一番目の引用は、聖書の冒頭部分からの抜粋である。神は天地を創造されるときに、「光あれ」という言葉を発した。言葉を発することができたということは、神には口にあたる器官・機能があったということである。天地創造のあと、神は、最初の人であるアダムを造る。アダムは人類で最初に言葉を発したことになっている。アダムの最初の言葉は、神が助け手の候補として連れてきた様々な動物達に、名前を付けるときに発した音であった。口という言葉は直接出てきていないが、名前を付ける際には口の働きが必要であろうと思われる。そのアダムのことを、「神はご自分にかたどって人を創造された」（創世記1：27）としているので、この口という器官の原型は神が持っていたものとしてよいと思われる。

二番目の引用は、神がモーセに使命を与え、エジプトからイスラエルの民を率いて国外に脱出するように命じたとき、モーセはその大任に対して何とか自分は適任者ではないと辞退しようとした。その際にモーセは、自分は舌が重たい（物理的な問題があるかのような言い方をしている）ので、新しい行動をおこすように民を説得する自信がありませんと伝えたのだが、神はモーセに私が応援するから心配しないでも良い、と伝えた。神はモーセに、あなた自身がこの務めを果たさなくとも、あなたには雄弁なことで能力のある、弟アロンがいるではないか、その弟に託せばよいのではないか、と言い、あなたに対しても、アロンに対しても、私が一緒にいるわけだから、心配せずともこの貴重な務めをなし、イスラエルの人びとがエジプトの地から旅立てるように働きをなしてほしい、とモーセに伝える。神があなたの口とともにいる、というのは、モーセやアロンがイスラエルの人々に語りかけるときに、モーセが何を話したら良いかは私が伝え、モーセがアロンにそれを伝え、アロンはモーセが話したことを的確に民衆に伝えるという流れの中で、何を話したら良いかは、わたしが全てマネージメントする、ということであろう。大変な栄誉である。

三番目の引用は、モーセに対しては、神であるわたしが直接話しかける、それは他の預言者に対してするように間接的にしるしによって伝えるということはしない、ということで、「口から口へ、語り合う」ということで、神の口とモーセの口という二つの口は、相互の会話が可能な形でコミュニケーションが行われる、ということであり、ここでやはり最初の口は、神の口であることが示されている。

創世記の天地創造では、神が言葉を話されて、天地がその通りに創造されたということを示し、そのために神はご自身の口を用いたことを連想させている。出エジプトで示されているのは、モーセやアロンの口とともにわたしはいます、ということで、何か言葉に窮した時には、私が代わりに話すのだから君達は心配するな、ということであり、民数記では、モーセに対しては、神は特別に語りかけるのであり、それは口から口に語りかけるということである、と言っている。これらから分かるのは、聖書において最初に登場する口は、神の口である、ということである。一番目と二番目の引用からは、その存在は想像によって想定するものであるが、三番目の引用では、あきらかに神の口の存在が示されている。そこで、「石」という漢字をみると、「一」と「ノ」と「口」の合成であり、「一番目の（ノ）口」のことを石と呼んでいるということになる。とすれば、石という漢字は象徴的に神のことを示している、ということになる。そこでこの漢字の示唆するところは正しいのかどうか、石と神との関係が聖書の中にどう描かれているのかをみてみよう。このことは、聖書の他の箇所の記述から裏付けすることができるのであろうか。

聖書原典において石という素材は、二通りの言い方があるようだ。「エベン」（אבן）と「マッツエバ」（מצבה）である。「エベン」のほうは、単体としての「石」という素材を表しているが、マッツエバのほうは、「石柱」と訳されたり、「記念碑」と訳されたりする。マッツェバが日本語で「石柱」と訳されてしまうと、エベンと同じ素材としての「石」の範疇のものと間違われる。そして「石柱」なるものは、主が途中から立てることを禁じたものである（レビ記26：1）からややこしい。石を立てたものなのか、石柱なのか、記念碑なのか。これは、ヘブライ語聖書において確認すれば、混同することはない。筆者が２０１６年に書いた論文では、日本語聖書の記述をたどった研究であったため、この二つの区別については論じわけていなかった（1—50）。しかし、本書では、石立てとして取り上げるその石が、エベンの方になっているかどうかについてはヘブライ語聖書（1—51）で確認している。

聖書において最初に石という素材が登場するのが、創世記28章である。ヤコブという、のちにイスラエルと改名する人物が、兄の呪いから逃れるために母方のお兄さんの住む、ハランという場所に向かって旅に出ていった時の話である。ちなみにそこでの滞在中の出来事はまさに波瀾万丈であった。向かっていく途中、ある場所でちょうど日が沈んだので、彼はそこでいわゆる野宿をすることになった。ヤコブはその場所にあった石をおもむろに取って、それを枕にした。そしてその場所に横たわったという。そこで、彼は夢を見ることになる。天にまで到達する階段（はしごとする訳もある）があって、その階段を神の御使いが行ったり来たりする夢である。いわゆる天使が夢に現れたのである。このとき、主なる存在がヤコブに話しかけた。ヤーウエは、ヤコブの将来の子孫の繁栄を約束する言葉を語った。ヤコブにはまだ結婚相手もいなかった時期である。ヤコブは目をさまし、不思議がり、ここは恐れ多い場所だとして、その場所を「神の家」と名付ける。このとき、または、

1―50　岡島直方（２０１６）：作庭記と邦訳旧約聖書における石をたてることの意味、ランドスケープ研究79（５）、３９１―３９６.

1―51　筆者の力量を超える課題ではあった。使ったのは、The Jewish Publication Society (2000), JPS Hebrew-English Tanakh である。

「天の門だ」とも言った。次の日の朝早く、ヤコブは、枕にしていた石を取って、記念碑として立てて、先端に油を注いだという。そして、記念碑として立てたこの石を、旅が無事に終わり、主が自分の神となってくれるなら、その石を神の家として、捧げものをささげると、条件付きの約束をした。この場面は、ユダヤ教にとってもキリスト教にとっても大切な場面であろう。解釈も様々なものがあると思われる。

私達は、ここで造園としての行為に注目することにする。最初に石を取ったとあるので、ヤコブは地面にあった石を一回持ち上げたことだろう。持ち上げて適当な位置に移動させるか、または適当な向きにして設置したと思われる。最初は石を枕として使っていたのであるから、その石は寝かして置いたはずであろう。横向きである。その石の上にはヤコブの頭が乗っていたと考えるのが自然である。夢を見た後、その場所を記念とするために、ヤコブは石を立てた。ここには、石を立てるという行為がある。横向きだった石が縦に据えられたということになる。恐れ多く、不思議なことが起こった場所一帯を、石を立てるという行為により、祝福したということである。ヤコブにとっては、その場所一体が不思議であったわけであろうが、枕にした石そのものに対しても何か不思議さを感じたに違いない。なぜならヤコブにとっては、その石そのものが、風変わりな夢を見させたもの、少なくともそのきっかけを与えたものとして見えてもおかしくないからだ。石を立てるという行為は、人間のなす行為である。人間の側の、自然に対する積極的な働きかけである。この夢をもたらしたものが、枕にした石によるはたらきだとしたら、その石こそが神につながる役割を果たしたものということになる。しかし、単なる物としての石が、このような天使が天と地を降りたり登ったりする夢を見させる力がある、と考えると、それは偶像崇拝となるであろう。そのため、この石に、唯一絶対神の働きが及んでいたために、特別な現象が起こったものとして捉える必要がある。この時点で、「石」という漢字が示唆するものが神であるという、先ほどの類推が重なって感じられるのである。

ヤコブはもう一回、石立てを行っている。ヤコブは兄のエサウとの確執のため、ながらく叔父のラバンのいる遠方（ハラン）に寄宿して、叔父の仕事の手伝いをしていた。そこで過ごすうちに、自分の伴侶も得て、経済的にも豊かになったところで、家にもどろうとする。叔父に内緒で叔父の家を出発して帰ろうとすると、途中で叔父が大急ぎで追いかけてきた。ヤコブがいることで叔父も随分豊かになったため、ヤコブを手放したくなかったのであろう。しかし、夢の中でヤコブを非難してはならないという、御告げをきいたので、ラバンはヤコブを非難しないこととした。ラバンは追いつき、ヤコブが今持っているものは、殆ど全てがもとはラバン（私）のものである、と言った。しかしラバンの気持ちはもう決まっていた。ヤコブを行かせることにしたのだ。追いついた場所でお互いに干渉しない契約を結ぼうと言った。そのとき、ヤコブは一つの石を取って、それを記念碑として立て、また周囲から石を集めて石塚を築き、この取り決めを証明する場所をつくった。どうやら石塚は境界を示すための目印で、立てた石は、この協定の行くすえを神に見守ってもらうための役割として立てたものであった。（創世記31：43―54）

5―2　岩について（岩の文字と意味）

では、岩はどうであろうか。「岩」は、「山」と「石」からなるが、山にある「石」というのは、これまでの考察から、山の神のこととなる。山の神というのは、山におられる神、山に下りてこられる神といった意味を持つ。「二」「ノ」「口」が神であることは、アダムをお造りになる際に、土の塊に神ご自身の息を吹きかけられた行為と、最初の口は神の口である、というところから考えられたことである。それが「山」と「石」の積み重なりによって、山にいる神、山の神となってしまった。何か唐突な感じである。

聖書において登場する岩にはどのような意味があるのか。私が観察したところによれば、申命記には6か所、サムエル記に6か所、詩編には19か所である。岩（ヘブライ語でツォル）という表現が登場するのは、主人公が主に対して歌を捧げるとき、祈りの言葉をあげるとき、などである。

モーセが１２０歳になったとき、カナンの地を前にしてヨルダン川を渡ることができないことが確定し、もはやイスラエルの人びとのリーダーにもなれなくなったとき、モーセが天、地、目の前にいるイスラエルの民達、に向かって語りかけた言葉がある。この言葉は、歌であるとして新共同訳聖書には書かれているが、幾つかの英語のバイブルをみると、特別に歌とはしていない。

モーセが天、地、人びとに聞いてもらいたかった言葉である。

「主は岩（1―52）、その御技は完全で　その道はことごとく正しい」（申命記32・04）

「エシュルンはしかし、肥えると足でけった。お前は肥え太ると、かたくなになり／造り主なる神を捨て、救いの岩を侮った」（申命記32：15）

「お前は自分を生み出した岩を思わず／産みの苦しみをされた神を忘れた」（モーセの歌）」（申命記32：18）

「もし、岩なる神が彼らを売らず／主が渡されなかったなら／どうして一人で千人を追い／二人で万人を破りえたであろうか」（申命記32：30）「しかし、彼らの岩は我々の岩に及ばない。我々の敵もそのことは認めている」（申命記32：31）

主は言われる。「どこにいるのか、彼らの神々は。どこにあるのか、彼らが身を寄せる岩は」（申命記32：37）

以上は、実際に岩という言葉が使われていた箇所である。人間が神に対して、敬意を表しつつ、語りかけるとき、大きくて、堅くて、不動である性質を現実の世界にある自然の景物の名を使って語りかけており、それぞれの語り手にとってそれはまさに神や主と同義に使われているようである。

モーセがイスラエル民族の宝物とも呼ぶべき、戒め（十戒）を受けたのは、エジプトを出て3か月経った頃の、シナイ山の山上においてであった。この時の様子を

1―52　フェデリコ・バルバロ訳聖書の注によれば、イスラエルの不動の岩は常に神である。とし、サムエル記下23：3、イザヤ書17：10、詩編18：3、32などを指摘している。327．

表現した箇所は、一般の日本人にはファンタジーとしか感じられないであろう。その時点で話に対する興味がなくなってしまうに違いない。今の日本人は、非常によくプログラミングされており、まず聖書に書いてあるというだけで、アレルギーを示すように仕上がっている。日本人にとっての現実とは、周りの人びとが行動していることがらこそがまさに現実であると思うように条件づけられている。また形式主義的であり、伝統を動作で継承するため、まわりに形式を似せることが最も大切なこととなりやすい。

シナイの荒れ地に着いたとき、人びとはシナイの山に向かって宿営の天幕をはった。3日後、モーセはメッセージをもらうためにその山に上っていかなくてはならなかった。一般の民達は、山の麓の、山に属していない領域に留まった。山の周囲に境目を設け、民達は、その境目に触れることすら禁じられた。モーセが山に上る日には、角笛の音が鳴り響き、雷の音と稲妻と厚い雲が出現していた。また山全体が煙に包まれていたが、それは、火の中を主が山の上にくだったからであるとする。人びとはモーセのように神と対面することはできず、濃い雲の中から主がモーセに語りかけるのを、離れた所から聞いているように指示された(1―53)。モーセは主から山の頂きに呼ばれて、十の戒めの言葉を授かったが、山の下にいた民達は、この間に起こった、雷鳴、稲妻、角笛、煙などに直面して恐ろしくなったので、神が直接民に語りかけるのはやめて、モーセに語られたことを、モーセから口伝いに民達に伝達してもらえるようにしてほしい、と言った。これらの記述が書かれているのは、出エジプト記19章である。モーセはイスラエルの民に向けたさまざまな戒めを受け取るために、このシナイ山を何回も登ったり降りたりしている。麓にいたまま神の言葉を楽に聞くことは、モーセとてもできなかったのである。

シナイ山でモーセが受け取った神からの戒め(十戒石版を含む)は、ユダヤ人は、トーラーに書かれているとする。トーラーは旧約聖書の冒頭の5つの書のことである。創世記、出エジプト記、レビ記、民数記、申命記である。これらは、モーセの筆によるものとしている。しかし、このトーラーに書かれていなくて、モーセ

1―53 雲は、あたかも御簀垣(みすがき)のようなものである。

がシナイ山で直接神から受け取った別のメッセージがあるとし、それは口伝で後継者に伝えていったものでミシュナーと呼んでいる。ある時、それも筆録された。筆記されたトーラー以上に重要視される。また、トーラーはそのまま読んでも意味が通じないところなどがあり、歴代のラビ達が読み込んで、トーラーの表面上の意味とは異なる解釈、またはその本質をより深く理解できるような啓発的な指摘をまとめて、トーラーの学びに使っている。

冒頭の話に戻る。というわけで、岩というのは、まさにモーセに現れた神のことであり、山の上で遭遇した神であるから、それと同じ神を表すのに「岩」と表現することに矛盾はない。また人びとは、十戒において、「あなたの神、主の名をみだりに唱えてはならない。みだりにその名を唱える者を主は罰せずにはおかれない」という戒めがあり、「神様」「神様」と言うことは避けたい心理もあり、「岩」という表現を使っていたことも考えられる。現在でもユダヤ人の一部は、神の英語表記を、G-dとしている。「アドナーイ」もそうである。文字としては書き表していても、その名を発音することは避けられる。

5—3　石を立てるという行為（モーセによる石立ての依頼）

石とは何かについて述べた先の箇所で、ヤコブの石立てについての物語をまとめた。ヤコブの石立ては、旧約聖書における最初の石立てである。

次に目を引く石立ての物語は、モーセによる石立てである。ただしモーセは、ヤコブのように自ら石を立てることはしなかった。モーセは、ミディアンにいたときに神から伝えられた通り（1—54）、エジプトからイスラエルの民を連れ出して乳と蜜

1—54　柴の間にいた神から声をかけられた場面である。神は次のようにモーセに述べた。「わたしの民の苦しみをつぶさに見、追い使う者のゆえに叫ぶ彼らの叫び声を聞き、その痛みを知った。それゆえわたしは降って行き、エジプト人の手から彼らを救い出し、この国から、広々とした素晴らしい土地、乳と蜜の流れる土地、…へ彼らを導き上る」

の流れる土地へと進んでいった。イスラエルの民を連れてこの旅を無事に遂行させることは、神がモーセに与えた任務であった。民達はその間、非常な乾燥地帯を通らなければならなかった。とくに乾燥の激しい場所に来ると、イスラエルの民は水が欲しいといってモーセにクレームを述べた。その2か所においては、神の働きにより、水が供給されるという奇跡が起こった。乾燥地の岩から水が出るという奇跡の1回目は、出エジプト記17章の冒頭に書かれたもので、2回目は民数記20章に書かれた内容である。この神の与えてくれた奇跡については、のちに作庭記の滝について記す箇所でも再検討する。2回目の奇跡の最中に正しくリーダーシップを発揮できなかったために、本来ならカナンの土地まで行けるはずだったモーセは、カナンの土地を見下ろすピスガの山の山頂までしか行けなくなったと神から通告される。神の初期の計画が変わるという出来事が起こった。予告通り、モーセは約束の地の手前で任務を終えてモアブの地で召された。生涯の最後にピスガの山頂からカナンの地を見下ろすことは神に許された。一種の国見（1—55）である。この出来事は申命記の終わりあたりに書かれている。

約束の地を目にすることができる場所まで行ったところで自分の命がつきること

を知っていたモーセは、自分の命が潰える前に、将来何をすべきかをイスラエルの民のために言い残しておく必要があった。モーセのあとを継いで、民を導くことになるヨシュア達に向かってなすべきことを伝えようとした。その内容に、石を立てることがあった。以下の物語を特段石立ての計画として捉えなくても良いのであるが、作庭記における石立ての重要性をかんがみれば、検討に値する視点なのである。私は、次の箇所を石立てに関する計画、もしくは石立てという行為の依頼としてみる。そういう視点でみた時、次の言葉をどのように解釈したら良いだろうか。

1―55　約束の地である、乳と蜜の流れる土地について、モーセは主から次のように言われる。「エリコの向かいにあるモアブ領のアバリム山地のネボ山に登り、わたしがイスラエルの人々に所有地として与えるカナンの土地を見渡しなさい」（申命記32：49）。モーセは死の直前、言葉通りにピスガの山頂に登った。そのとき主はモーセにすべての土地が見渡せるようにされた。（申命記34章）想起されるのは万葉集2番目の欽明天皇の歌、「大和には群山あれど　とりよろふ　天の香具山　登り立ち　国見をすれば　国原は　煙立つ立つ　海原は鴎立つ立つ　うまし国ぞ　蜻蛉島　大和の国は」である。伊藤博（２００９）：万葉集一：角川ソフィア文庫より。自分が関わる豊かな土地を山から一望するという場面は同じであるが、一方は自分の果たし得ぬ夢を見、一方は自分が治めている場所を見ている。

誰かから次のようにお願いされたらあなたはそれをどう受け止め、何を行うだろうか。

「ヨルダン川を渡り、あなたの神、主が与えられる土地に入る日には、大きな石を幾つか立て、しっくいを塗り、あなたが川を渡ったとき、その上にこの律法の言葉をすべて書き記しなさい。こうしてあなたは、あなたの先祖の神、主が約束されたとおり、あなたの神、主が与えられる乳と蜜の流れる土地に入ることができる。あなたたちがヨルダン川を渡ったならば、わたしが今日命じるこれらの石をエバル山に立て、しっくいを塗り、またそこに、あなたの神、主のために祭壇を築きなさい。それは石の祭壇で、鉄の道具を当ててはならない。自然のままの石で、あなたの神、主の祭壇を築き、その上であなたの神、主に焼き尽くす捧げ物をささげなさい」（申命記27章）

ここに示された石立てをやってください、と言われたら、あなたはこのモーセの依頼をどう受けて実行するだろうか。

この箇所は、神から与えられた掟を、しっかり見えるように石に書き留めておいて行くように指示しているとみることもできるが、石立て計画の指示であるとみることができる。ここでの石立ては自然石を立てるというものの、立てた石に約束の言葉を刻むという目的をもっている。この指令によれば、ここでの石立ては2か所においてなされるべきであると読める。ヨルダン川を渡る前と、渡ったあとである。

最初の石立ては、主が与えると約束したカナンの土地に入る前に立てる石である。川を渡る前の土地であるから、まだ理想の土地の側（向こう岸）に渡っておらず、手前の岸のある場所で立てる石である。大きな石を、川を渡る前の側の土地に立てる。しっくいを塗るのは、しっくいを塗った所に文字を彫り込むのが当時の慣習だったからのようである（1―56）。そこで神からの戒めを石に彫り上げることが期

1―56　フェデリコ・バルバロ（1980）：聖書：講談社、316．石に石灰を塗って字をかく風習はエジプト、カルタゴ、キプロ、アテネなどにもあったという。

待されている。石立ての作業が終わったら、ヨルダン川を渡ることができるのである。今から移動していくので、此岸に石立てを行い、自分達がそこにいたという記録を残そうとしたのだと読み取れる。此岸への石立てと律法の記入が終わったら、はじめて、イスラエルの人びとは川を渡り向こう岸のカナンの土地に行ける、と読む。これが一番目のシナリオである。

しかし、このシナリオでは少々矛盾が生じるのである。なぜなら、川を渡ったときに、その上に律法の言葉をすべて書き記せ、とある。川を渡ってしまえば、此岸に立てた石とは若干距離がある彼岸に着いているはずである。ならば、此岸の石に言葉を書き記すには戻ってこなければならない。戻ってこないで元の岸の石に文字を彫れるということがあるとするなら、非常に長い棒が必要であるだろうか。しかしそれでは無理である。ということは、この川を渡る行為においては、まずゼスチャーとしての川渡りがあり、川渡りに成功した瞬間、向こう岸に足を踏み入れることなく一旦元の岸に戻って、立てておいた石に律法の言葉を書き記すという必要がある。まるで、一種の儀式のような物事の進め方である。これが終わったら、一度成功した川渡りを再度正式に行って、そのときには向こう岸の約束の地に足を踏み入れることができる、というものだ。

単純に考えた場合の川渡りは、対岸に渡ることができれば終わりである。しかし、まず石を立て、そののちデモンストレーションとしての川渡りを行う。いったん全員で戻ってきてそのうちの何人かで石に言葉を刻むというシナリオもあり得るし、一般の人々は対岸の岸の直前でしばらく待っていて、その間に文字を彫り込むべき人が元の岸に戻り、石の上に掟の言葉を書くというシナリオもある。こういうことをするとなると、最初に石を立てたのは、無事に対岸に渡ることができるようにするための祈願の石立てであり、戻ってきて掟の言葉を彫り込むのは、無事に渡ることができたことのしるしを刻むという意味を持つことも考えられる。この二つのシナリオの中から選ばなければならないとしたら、あなたはどちらを選ぶだろうか。

もう一つ、ここには面白い示唆があって、石にしっくいを塗ってある状態で川渡りをするのであるから、川渡りにひどく困難があって時間がかかってしまえば、戻ってきた時にはしっくいは乾いてしまっている。乾かずにそこに文字を彫ることができるということは、その川渡りには神の恵みが働き、スムーズに実行することができるということを示しているようにも見えるのである。

次に対岸での石立てについては、まず「今日命じる石」とは何か、実行前に確かめなければならない。そしてその石をエバル山という山に持っていって立てる。持っていくのは自然石で、そこには祭壇もつくるのである。立てた石にはしっくいを塗って戒めの言葉を彫り込んでおく必要がある。しかし、立石と祭壇との関係は、一緒であるか異なるものなのか、これもモーセの指令だけからは分からないので、事前に確認が必要であろう。

これは、川を渡る前と渡った後の2か所で石立てをするという読み方であった。前掲の論文では、今示したようにこのシナリオの読み方を示したわけであるが、モーセは川の対岸での石立てだけを命じたという読み方もできる。

「ヨルダン川を渡り、あなたの神、主が与えられる土地に入る日には、大きな石を幾つか立て、しっくいを塗り、あなたが川を渡ったとき、その上にこの律法の言葉をすべて書き記しなさい。こうしてあなたは、あなたの先祖の神、主が約束されたとおり、あなたの神、主が与えられる乳と蜜の流れる土地に入ることができる」

この部分を、最初から対岸まで渡った時に、その場所で大きな石で石立てを行い、しっくいを塗って律法の言葉も書いてしまう。そののち、この日にモーセが指示した石を持ってエバル山まで行き、石立てと祭壇制作を行うという方法である。実際にこの日本語訳（新共同訳聖書）ではそのように読むのには不自然なところもあるのであるが、モーセの言葉の前半は、成すべき事の概要を提示した部分であると捉えれば、そういう解釈も成り立つ。

これですべての可能性について考えることができただろうか。新共同訳聖書では、このような読み方が可能であったが、この場面の日本語訳には幾つかの種類がある。フランシスコ会の訳（1―57）の場合は、共同訳と同様の解釈が成り立つわけであるが、バルバロ訳聖書（1―58）となるといま検討した一番目の解釈は必要のないものとなる。そのためここは使っている聖書に左右される場面である。ただ、その都度、それをどう解釈して行動に移していったら良いかを考えることが、造園行為における訓練になる。

5―4　石を立てるという行為（ヨシュア）

ヨルダン川を渡る前にモーセがイスラエルの人びとに指示した川渡りの方法、すなわち石立ての方法があった。すでに見たものである。（これは、のちに見る、ハルプリンのＲＳＰＶサイクルで言えば、パフォーマンスにあたる場面である。モー

セの指示はスコアである)（第二部　コラム4を参照）
モーセの指示に対して実際には何が行われたのだろうか。
川渡りの直前まで、イスラエルの人びとの指導者はモーセだったが、彼の死後に民達を導いたのは、ヨシュアであった。ヨシュアは以前から特別にモーセと行動をともにすることがあった。たとえば、モーセは、シナイの山で神から十戒を賜るのであるが、その山に登るとき長老達は途中で置いていったが、ヨシュアはかなり上まで一緒に登って行った（出エジプト記24：13）。また、モーセが十戒の外にも主からさまざまな言葉をいただいたとき、その中には幕屋を造るようにとの指示があった。モーセは最初、幕屋を、旅をしているイスラエルの民達の宿営（キャンプ場）の外の、遠く離れた場所に造っていた。モーセがそこに一人で入っていくと、主と

1—57　フランシスコ会聖書研究所（1989）：聖書　申命記：三省堂印刷、156．フランシスコ会聖書研究所（2013）：聖書：三省堂印刷、419—420．両者は同じ訳である。
1—58　フェデリコ・バルバロ（1980）：聖書：講談社、315．

語りあうことができた。モーセが幕屋に入ると、幕屋の入口に雲の柱が立ったので、主が来ていることが民達にも分かったという。幕屋に入れば、モーセは主と顔と顔を合わせて語ることができたという。モーセの用事が終わって幕屋から帰る時も、ヨシュアは幕屋に残っていたとされる。（出エジプト記33：11）

モーセの死後、主はヨシュアに語りかけ、いよいよ民達全てとヨルダン川を渡るように指示した。そして、まさに主が与えようとしているその土地（対岸の土地、乳と蜜の流れる土地、カナンの地）に行くように言う。主はそこがイスラエルの人びとの領土となる、と言った。（ヨシュア記1：1―4）

ある日の朝、ヨシュアは民達に役人を通じて川渡りの段取りを述べた。最初に、祭祀であるレビ人が契約の箱を担ぎながら進む。その箱から約９００メートル離れて民達がついていくこと。そしてヨシュアは祭司達に命じた。「契約の箱を担いで、民の先に立って川を渡れ」と。そのとおりに実施された。この段取りは主の御心に沿っていたのであろう、主は次にヨシュアに「祭司達がヨルダン川の水際に着いたら、ヨルダン川の中に立ち止まれと命じなさい」と述べた。

そこでヨシュアは、「見よ、全地の主の契約の箱があなたたちの先に立ってヨルダン川を渡っていく。今、イスラエルの各部族から一人ずつ、計12人を選び出せ。全地の主である主の箱を担ぐ祭司達の足がヨルダン川の水に入ると、川上から流れてくる水がせき留められ、ヨルダン川の水は、壁のように立つであろう」（ヨシュア記3：11―13）

と言った。

果たして先頭の祭司達が水際に進んでいくと、それまで満々と流れていたヨルダン川の水が、目の前ではなく、遥か遠くの上流で壁のように立ちどまり、水が流れなくなったので、人びとは全員対岸に向かって安全に渡っていくことができたという。

民がすべてヨルダン川を渡ると、主がヨシュアに言った。また突然の指令である。

「民の中から部族毎（1―59）に一人ずつ、合計12人を選び出し、ヨルダン側の真中の祭祀達が足を置いた場所から、石を12個拾わせて、その日野営する場所に据えさせなさい」（ヨシュア記4：2）

これを聞いたヨシュアはすでに決めていた12人を呼び寄せ、「ヨルダン川の真ん中の、主の箱の前まで行き、そこから石を一つずつ肩にかついで来い」と言った。かついで来い、と言う以上、肩でかつげる大きさや重さの石以外のなにものでもないだろう。あまり大きな石ではなさそうだ。その際になぜそれをするのかという理由をヨシュアがその12人に説明している。それは、ヨルダン川の流れが、主の契約の箱が進んでいったときにせき止められ、人々が無事に川を渡ることができたことを、将来の人々に説明することができる記念の石になるからだ、という説明である。12人はその通りにし、真ん中から拾った石を、野営する場所に据えたという。

さらにヨシュアは、「川の真ん中の祭司達が足を留めた場所に十二の石を立てさせた」という。そしてそれは今日まである、と書いてある。この川の真ん中への石立ては、ヨシュアの采配による指示とみられる。契約の箱をかついだ祭司達の数は、文字通りそれぞれが足を置いたところから必ず一つずつ石を取るなら（一人の足は2本だから2か所となるとすれば）、6人であったかと考えてみるのも面白い連想である。このような連想はとかく分かったかのように読んでしまう物語の細部に注意することを促してくれる。しかし、こうすると契約の箱を担ぐ時に、前後、左右の担ぎ手の数はどちらかが奇数になってしまうので、運び手にかかってくる箱の重さは均等ではなくなる。とするならやはり、12人の運び手で前6人うしろ6人、左右は3人ずつと考えるのが自然である。足を置いた場所から、という箇所は、一人の祭祀の足元からは一個ずつ取るということであろう。この川底からの石の採取、そして川底への石立てであるが、それが終わるまでは祭司達はずっとヨルダン川の

1—59　イスラエルの12部族。ヤコブの子孫達である。申名記27：12を参照すると、レビ、シメオン、ユダ、イサカル、ヨセフ、ベニヤミン、ルベン、ガド、アシェル、ゼブルン、ダン、ナフタリと考えることができるが、実際にはレビは祭祀であってこの中では特別な存在として契約の箱を担ぐ役割りとして召還されている。そのため、レビを除きヨセフの子孫のマナセとエフライムがヨセフの代わりに入って12部族とする解釈もできる。（創世記48：30—49）

真ん中で箱を担いだ状態で立ち止まっていたという。（ヨシュア記4：10）

このあと、一行はギルガルという町に宿営したが、そのとき、ヨルダン川から取った12個の石をギルガルに立てさせ、こうすることがヨルダン川の乾いた土地を民達が渡ることができた証拠となる、神、主による力強い働きがあったことの証拠となる、と再度ヨシュアはイスラエルの人びとに述べた。さきに野営する場所といっていたのと、このギルガルという場所とは同一か同一でないかどちらであろう。共同訳聖書の通りなら、現代人の感覚なら別であると考えることになると思う。新共同訳聖書の巻末の地図で見ると、ヨルダン川からギルガルまでは8キロメートルくらいである。それは、一日に歩ける距離ではある。しかし、宿営地への石立てが終わるまで、祭司達は川の真ん中で待っていなければならなかったわけで、川から8キロメートルほど離れた場所の石立てが終わって戻ってくる（16km）まで、じっと祭司達が川の真ん中で待てるものかが疑問である。現代人には難しい。もしそれが可能であるなら、信仰の力で立っているということでなければならない。

川底から取ってきた12個の石の組成は、おそらくギルガルの宿営地に一般的に見られる石の組成とは違いがあり、そこに置いておくことで、石をみる能力に長けている人（真の造園家）には、一目で周囲のものと異なるということが分かる、ということであらねばならない。ここで川の石が陸に、陸の石が川に立つことになった。石に無関心な人には違いは分からないこともありうる。

ヨシュア記は、このあと、アイと呼ばれる町を通過した後、ヨシュアがエバル山[1—60]の上に、自然石でできた祭壇を造ったことを記す。その祭壇の石には、モーセから引き継いだ教えを刻んだとある。ヨシュアは、モーセの指示したスコア（スコアが何であるかは第二部、コラム4のハルプリンズを参照）に示されていた、エバル山への祭壇の制作は実施した。

1—60　ギルガルの北西約40ｋｍか。新共同訳聖書、巻末図版「カナンへの定住」より類推。

ヨシュアは年をとると、亡くなる前に全ての部族をシケムという場所に集めて、異教の神々を拝まないようにと述べ、民達はその通りにすると答えた。このとき、ヨシュアは民達と契約を結んだという。テレビンの木の元に、大きな石を取って立てたという。そしてその石を証拠の石であるとした。それが民達との契約が行われた証拠であるとした。なぜなら、この石は、主の言葉をことごとく聞いているからだとした。（ヨシュア記24：25—27）

ヨシュアによる石立てにおいては、それまで把握していなかった新しいスコアが突如現れたという場面がある。ヨシュアはモーセの遺言通りに実施しようとしていたと思われるが、新しい具体的な指示が現れたということである。その発信者は、元からリソースとして存在していた「主」であった。全く別格のリソースである。そのため新しいスコアに対応せざるを得なくなったといえる。では、モーセのスコアのうち、最初の石立て、つまり主が与える土地に入る日に、大きな石を立ててしっくいを塗り、掟の言葉を刻む、ということは実施されたのであろうか。そこには疑問が残る。こうした、物語の不連続性は、「申命記」までと書物の書き手が変わったということ、それまでと書物の性質が変わったというようなことを暗示しているともとれる。

モーセの寿命は120歳であった。ヨシュアの寿命は110歳であった。

以上で旧約聖書における重要な石立てについての箇所の検討ができた。ヤコブは最初に石立てを行った。次にモーセはヨルダン川を渡り、約束の地に入っていく際の石立ての計画を述べた。ユダヤ人達が最重要視するトーラーの範疇で示されたのはここまでである。そこにこのヨシュアの実際の石立てが付け加わる。ヨシュアの物語はモーセの示した計画の実現（施工）に関わる物語である。これらの石立ての役割は、日本語一言で言えば「記念として立てる石」という言葉に集約される。しかし、石立ては、人が神または主の存在について意識したときに行う行為である。神の働きを感じた場所に、神に見守ってもらいたい時に立てるものである。日本語的にいえば、一種のおまじないのようなものであろうか。それが旧約聖書を通じての石立てなのである。

6　エズラ記

ラテン語のエズラ記はアポクリファ、外典と呼ばれるものの一つで、紀元前3世紀から数世紀の間に、ユダヤ人によって書かれたものとされている。初期のキリスト教徒が、ギリシア語を用いるユダヤ教徒から聖なる書物としてうけついだものとされる(1―61)。それによれば、預言者エズラの元を訪れた天使は、次のようなことを述べた。

「ある町が平らな地に建てられており、そこにはあらゆる物が豊富にある。しかし、町の入り口は狭く、険しい所にあり、右に火が、左に深い淵がある。その間、すなわち水と火の間には、たった一本の道しかなく、しかもそれは一人の人がやっと通れるくらいの小道である。もしこの町が、ある人に遺産として与えられたとしても、その人が目前の危険を乗り越えなければ、どうしてその遺産を相続できるだ

ろうか」（エズラ記ラテン語、7：1―9）

これは、細くて危険な道をあえて渡って向こう側に行かなければ、豊かな成果が得られない状態を示している。このたとえ話の前後も重要である。この話の前には以下の話がある。深く限りない海というものは、広い場所に置かれているが、その入口は狭い場所にあり、川のようになっている、という。もしその広い海を見たり航海したりしたいならば、その狭い場所を通らなければ、行けるわけがない、という話が書かれている。ただこの話には、にわかには納得しがたい。小さなカヌーのような舟を、砂浜の上を陸側に移動させて固定しておき、必要に応じて直接海に出していく実例はあるだろうし、漁港のような場所では、船は陸と接した海側に停泊させられている。ただ、陸側に向かっては波が寄せてくることが多いので、それに対しては抵抗するような形で漕ぎ出していくことが多くはなるであろう。

1―61　日本聖書協会（1987）：聖書　新共同訳：三省堂印刷、Ⅱ.

この話のうしろには次のような話が続けられる。道が狭い状態なのは最初からそうだったのではない、というのである。創世記の話が回顧されている。天使は、イスラエルの人びとのために、世を造った。しかし、アダムが戒めを破ったために、被造物がさばかれることになった。そのとき、この世の出入り口は、狭く、悲しみと労苦に満ちたものになり、その数も少なく、状態も悪く、危険をはらみ、大きな困難を強いるものになった。しかし、大いなる世への入口は広く安全で、不死の実をもたらす。生きている者は、狭くむなしい所に入らなければ、(次の段階に)備えられたものを受けることができないことになっている、というのである。ただし、ここに正しい生き方と不敬虔な生き方があり、いったん狭くくるしいところを通って、広い場所に出られるのは、正しい生き方であり、不敬虔な生き方は広い所を見ることができないで終わる。しばらくのあいだは、その二極化は明らかにされないが、ある時がくると、その二極化が起こるとする。それは、どのような時かと言えば、「わが子イエスが、彼にしたがう人びとと共に現れ」る時であるとしている。この話は、広い所に出るためには、狭い所を通っていくということであり、あとで現れる広い所が理想的な場所として描かれている。

新約聖書のルカ13章22節に、イエスが救いについてたとえを用いて教えている箇所がある。ある人から、「救われる者は少ないのでしょうか」と訊ねられたイエスは、次のように答えた。

「狭い戸口から入るように努めなさい。言っておくが、入ろうとしても入れない人が多いのだ。家の主人が立ち上がって戸を閉めてしまってからでは、あなたがたが外に立って戸をたたき、『ご主人様、開けてください』と言っても、『お前達がどこの者か知らない』という答えが返ってくるだけである」（ルカ13：24）

たとえを使っているが、家の中というのが、救いの場所を表していると考えられる。狭くてもその戸口から入っていかないと、救われない。それは家（救い）の中に入る際の困難性を表しており、救いにいたる道を示していると言える（1―62）。

イエスの述べた言葉には次のようなものもある。

「狭い門から入りなさい。滅びにいたる門は広く、その道も広々として、そこから入る者が多い。しかし、命に通じる門はなんと狭く、その道も細いことか。それを見いだす者は少ない」（マタイ7：13）

7世紀の唐の都である長安に、善導大師という人がいた。寺川氏（1—63）の著書より物語をみていく。この善導大師は中国浄土教の優れた仏教者であり、親鸞聖人が宗師すなわち浄土真宗の祖師として尊敬した方であるという。その善導大師が譬喩（ひゆ）を使って浄土真宗の教えを説明したものとして、「二河百道の譬（たと）え」というものがある。その概要は以下の通りである。

★★★

人が西に向かって行こうとすると、途中に二つの河がある。一つは火の河であり、もう一つは水の河である。前者は南にあり、後者は北にある。向こう岸までは100歩ほどである。二つの河は底なしの深い河である。火の河からは、たえず火炎が吹き上がっているし、水の河からは荒い波がたっている。その二つの川の境界部分に道がある。白くて細い道である。道は東から西に渡っている。この道には、水の河からは激しい水しぶき怒濤のようにふりかかっている。火の河からは炎が上がっていてこの道を焼いている。

この人は果てしない荒野を一人で歩いてきた。周囲に人はいないが、悪獣がおり、一人で歩いているこの人を殺そうとしてくる。この人は、まっすぐに西に向かって逃げてきた所、この河に突き当たってしまった。向こう岸までの距離は長いわけではないが、河がこの状態では渡りきることはできないだろう。

1—62 日本の茶庭では自然石をならべた飛石や様々な石を混ぜて造った園路を通って茶室まで導く。道は一直線ということはないし、園路の幅は広くはない。茶室におけるにじり口は小さな入口を這って入っていかなければならない。ルカ書のこの箇所を想定して読めば、ここでの「家」は茶室であり、「家の主人」は、亭主ということになる。茶室に入る客とは、癒しを求めてやって来た人であり、茶室のなかは、救いを与える場所ということになる。飛鳥昭夫は色々な機会に、千利休は、アラム語でセイント・ルカのことである、と述べている。

1—63 寺川俊昭（１９８６）：二河白道の譬え：東本願寺出版、ここには親鸞の解釈も書かれており、この物語を描いた絵画の例が示されている。こちら岸の声、向こう岸の声についても、また善導大使の説く阿弥陀如来の格の違いも記されている。

とはいえとどまっていれば悪獣に襲われてしまう。こちら岸を左右に逃げたとて追われて逃げ場はない。

しかし、引き返してもとどまっても死ぬしかないのなら、ここで決心して前に向かって進んでみよう。細いけれども少なくとも道はあるのだから。

そう思ったとき、こちら岸から励ます声が聞こえた。

心を定めて此の道をすすめ。立ち止まったら死ぬしかないぞ。

反対の岸では、一人の人がいてこう言う。

一心にこの道をまっしぐらに進んできなさい。私があなたを守ってあげよう。

これを聞いてこの人の迷いはとれてためらうことなく前へ進みはじめた。

この物語について、善導和尚が解説すると次のようになるらしい。東の岸は火宅（燃えさかる炎）ともいうべき娑婆（この世の世界）のことをしめし、西の岸は極楽宝国（阿弥陀如来のいる浄土の世界）を示す。悪獣というのは、人びとの六根、

六識、六塵、五院、四大のことである。水や火は人びとのむさぼりといかりを示す。そのような中を如来のいる真実の浄土に生まれたいと願う心をもって精進する。東の岸から聞こえてきた声は、釈迦の教えを説く法であり、西の岸から聞こえてくる声は阿弥陀如来の慈しみの声である。

同じ箇所を親鸞が解釈するとまた少し異なる意味を持つ。

エズラ記やルカ書にかかれた物語と会わせてみると、物語の大筋において似ており(1—64)、人の救済にかかわる普遍性のある物語であることが分かる。

1—64　学問の世界では、安易に「似ていること」についての指摘をしてはならないことになっている。これについて渡辺は、次のように言っている。「たとえば親鸞の教団はインドの仏教教団に似ている」というような主張をするとすれば、宗教社会学の理論にもとづき、日本歴史とインド学との資料を充分に精査した上でなければまったく意味をなさない。またたは、「竜樹の空思想は鎌倉期の仏教に生かされた」と断定するためには日本とインドとの思想的背景の広い知識を必要とする。さもなければどちらの発言もただの余興に過ぎないであろう。渡辺照宏（１９７４）：仏教：岩波新書、37．による。

第二部

コラム記事　聖書と作家の活動など

コラム1　ダン・カイリー

筆者は、2001年の夏、生前のダン・カイリーを訪ねてアメリカのバーモント州に行った。当時ダン・カイリー（以降ダン）は89歳だった。最寄りのシャーロット飛行場に降りたとき、手荷物引き渡し場だけ見て日本の地方空港である宮崎空港より小さな飛行場だと思った。レンタカーを借りて、ダンの子孫の方が(2―1)運転する車の先導で自宅まで案内して頂いた。ちょうど新しいダンの作品集(2―2)ができた頃で、ご

2―1　ダン・カイリーの事務所に着いて家族の方の名前を伺ったとき、音の響きになじみがなかったためその方の名前のイメージをつかむことができなかった。ダンが、それは聖書の中に出てくる有名な預言者の名前であると説明してくれた。当時の筆者は聖書を通読していなかったため、名前の由来が分からなかったのであった。ダンという呼称自体も、正式にはダニエルという名前であり、旧約聖書のダニエル書のダニエルからとった名前である。

2―2　Dan Kiley, James Amidson (2000) : Dan Kiley America's master Landscape Architect: Thames and Hudson

本人にお聞きしたい点があり訪問を思い立った。筆者の学生時代は、バブルがはじける少し前の時期で、アメリカのランドスケープデザインの作品がプロセスアーキテクチャーという雑誌で次々と紹介されていた。学生時代に購入していた書物の中で、「アメリカンランドスケープの思想」(2-3)があった。

この書を読んで、最もインスピレーションを受けたのが、ダン・カイリーの言説だった。学生時代は、専門科目の授業や論文などを読んでもなかなかインスピレーションを受けることができなかった。直感的なもの、感性にかかわるものに惹かれていた。ダニエル・シュミット監督の「書かれた顔」という映画の中に登場する舞踊家、大野一雄の、アマポーラの音楽に合わせた風景の一部としての踊りをみて、大野の語る言葉を知りたいと思って、「稽古の言葉」という書をながめていたのもこの頃である。言葉にはならない身体の動きの可能性を探ろうとして稽古にそえて発される大野の言葉を味わっていた。

ダンに関して不思議なことがある。それは、本書の主題と関わりを持ってくる点である。「アメリカンランドスケープの思想」の中の人物紹介の欄で、ダンが講演のときにいつも先立って発する言葉があるという。それは、「私のデザインで幾何学的なパターンをなぜ使うのかを質問しないで」ということである。この発言を、（本人に確かめることはできないが）、本書の主題である聖書の記述との関係から説いていこうとする。確かにダンの作品写真を見ると、明快な幾何学的形態の使用が目をひく。1968年のコロラド州のアメリカ空軍アカデミーのエアーガーデン、1985年のテキサス州のファウンテンプレイスの広場のデザイン、1998年のミルウォーキー・アート美術館拡張部などはその最たるものである。幾何学的形態の使用とは、別の言葉で言えば、直定規、三角定規、コンパスなどの道具を使って、ある一定の法則で紙の上で正確に描き出すことができ（従来のアナログ製図の描き方でいえばだが）、測量

2—3　都田徹・中瀬勲：アメリカンランドスケープの思想：鹿島出版会、1991（初版）．
この本は、ガレット・エクボ、ダン・カイリー、ジェラルディン・スコット、ロバート・ザイオン、ピーター・ウォーカーの、5人の巨匠へのインタビューをもとにした本である。5人の思想を探ろうとした特殊で貴重な本である。著者の都田氏によると、インタビューはカセットテープに録音し、帰国してからテープ起こしをしたが、その英語は直訳していくと分からないため、（思い切って）分かりやすい日本語にしていったという。（2002年9月、筆者による都田氏へのインタビューより）

を通じて図面通りに実際の敷地にそれを再現することができる形を使うというものである。自然の産物である樹木や植物も、一定の形状と一定の間隔に並べられていくことにより、人為的なつくりこみの一要素になっていく。

樹木や植物を地面にそのまま植えていくのと違い、一定の枠の中に植物を捉えていくデザインである。このようなハードなマテリアルを使ってデザインを行うことができるのは、企業や行政などが関わって大きな資金が動いている場合だと推測されるが、自然・田園地域において個人邸宅の庭を手がける際にも、樹木、もしくは植え枡、敷石の配置などで同一形態の規則的反復をしていくことにより、類似する効果が期待できる。自然がどのような枠に収められればインパクトを持って見えてくるかが探求されており、容器のデザインとも呼ぶべきものである。常に自然と人工を併置する技ともいえる。

空軍アカデミーのエアーガーデンは、照明器具をプールの中を光源となるように取り付けることで、夜景では上部の道の部分が影絵のように浮かび上がり、形態がいっそう強調されるそうだ。幾何学的形態を使うと視覚的なリズム効果をコントロールすることができるのである。この仕事で幾何学的形態を使ったことは、空軍の候補生の厳格な生活のあり方を模写したもののように見え、その場にふさわしい気分を表現したもののように思える。

以上のような幾何学的デザインの現実化を職業として実施していく一方で、ダンは自然に対する尊敬の念をよく表している。彼の生活していたバーモント州シャーロットはきわめて自然が豊かで、ことに秋には紅葉が見事な林が広がる場所である。ターシャ・テューダの家も、バーモントにあったというではないか。紅葉の美しさは、人を誘い込む作用があるに違いない。敷地の境界は分からなかったが、彼の自宅や事務所の窓から外をながめると、起伏のある土地に、見渡す限りどこまでも、草原や林が広がっていた（2―4）。近くの草原などに生えている植物が、自宅の応接室に活けてあった。活けたのはご夫人とのことだった。

2―4　草原は管理されていたものと思われる。

駐車場からカイリーの家に至るまでの道は、地面からわずかに浮かせたデッキになっており、その周囲には、実生と思われる細い落葉樹がびっしりと生えていた。元々生えていた樹木に干渉しないで道を作りました、というデッキであった。つまりは稚樹の雑木林なのであった。公的にはその樹木の根を痛めないようにデッキの上を歩くようにしていた。このような園路を直線でつなぐあたりの行為は、我々日本人が飛び石等で蛇行させられながら園路を進むのとは少し異なっていた。しかしそのデッキは決して幅広ではなく、八つ橋ではないが途中で一回だけ折れていたので、家に至る道として大道を作ろうとした気配は全くなく、林の中にささやかな散策の感覚のある歩行路を作ろうとしたのだということが推測できる。ダンは、住宅周辺の雑木林の中や周囲の自然の中を、まるで獲物を探すかのように敏捷な動きで散策し、自然空間の中に存在する様々な表情やニュアンスを発見しては興奮していたものだ。なぜこんな断定的な言い方をするのか、それがダンのスピリットだからだ。

筆者は、ダンが、生活を大切にして、人生を楽しんで過ごしているという点や、人生を豊かに、仕事を豊かに行っていく統合的な哲学を語っていることに大変癒された。なぜなら自分は、専門分野の各論しか語られない教育機関での物語の語られようからは何か冷たさを感じていたからである。

幾つかの質問を用意していった。この時の会話は、のちに教育的目的で使用する可能性があることをダンに伝え、ビデオ記録をとらせて頂いた。

質問の一つ目は都田徹の書籍に書かれていて気になっていたオープンマインドについてである。オープンマインドが意味することは何か？　である。ダンの回答をまとめると以下のようになる。

「それほど大きなことでなく、簡単なことであり、実行するのも簡単だ。学校にいる人々のほとんどが大きなことをしようとするのであるが、私は、まず、可能な限り全てのことに対して心をひらいていることを言いたい。どんなときも、ひとつの仕事に突入して急いでやり遂げるというような仕方をするのでなく、それ（その何か）が起こるまで待つのだ。仕事やデザインはあなたのところにやってくる。それを待つのだ。もしあなたが押し出そうとすると、消えてしまう（2―5）。私に関することで大きなことというのはそのことだ。……ほとんどのアメリカのデザイナーに関する問題点は、すべきことがあまりにもあって、それをするための時間がほとんどないことだ」

ここでダンは私の持っていっていたビデオカメラに向かって微笑みながら語りかけた。

「帽子を取りましょうか。ご存知でしょうが、私が年をとっていることをお見せしましょう」

「どこまで話をしましたか。そう、それが、まず基本的なアプローチだ。しかし、あなたはいつもデザインを見つけているので、探しているのではない。あなたは見ることをする、するとデザインがあなたの前に現れるのだ（2―6）。それぞれの仕事は、どんなことでもすぐに終わってしまうものではなく、長い時間をかけてなされていくが、それぞれの仕事がその時にはとても意義深いものになる。その空間、その人々、その場所のゆえに……。あなたはその人々に何かを付け加える。では、施主に対してどのようにアプローチすべきなのだろうか……。どんなときもそれが巨大なチャレンジであると考えてみることだ」

ここで具体的なプロジェクトについて作品集を見ながらの解説があった。そのあと、あらためて聞いてみた。

「では、あなたがオープンマインドというときには、対象とする敷地を調べる必要性についても意味しているのですね」

「そうだ。最初は何も拒絶してはならない。全体のことを見て、関係者から刺激を受ける。すべてが、あなたが働きをしようとしていることの部分なのだ。あなたはそれをいつも自分と一緒に持ち歩いている、それが、私がこのようなものを自分の家に掲げて見ている理由だ(2―7)。(と言って、ふと部屋の壁を見上げる。そこには、様々な

2―5 "Not to rush into a job and get it done, but to wait till it happens, the job, the design comes to you, to wait but if you try to push it, it will go away from you."

2―6 "You are looking and the design appears before you."

2―7 ここから急に展覧会の話に切り替わった。インタビューの最中も帰国してからも、この話題の切り替えの意味が分からなかった。今回この本をまとめていて初めて、それまで話していたオープンマインドとの関係性が分かった。

プロジェクトの様々な場面の写真が飾ってあった)。我々は一連の小さな展覧会をしようとしている。我々がこうやって(様々な写真が並んでいる中で)座っていると、すべてのプロセスが連携して機能している。そして(そうしていて)小さな展覧会をひらけということだ。私が思うに、あえて言葉にして表現するとそういうことなのではないかと思う。つまり、オープンマインドとは、あなたが何かを受け取ることに対してひらいておく(準備しておく)ことを意味する。実際、何でも取ってくることを意味するのではない」

ダンはルイス・カーンやエーロ・サーリネンの事務所でランドスケープデザイナーとして働いていた。ランドスケープデザイナーであったが、資格をもった建築士でもあった。建築士としての仕事について聞いてみると、

「私はもっと完全にその分野に入っていこうとしたものだが、私には十分な時間がなかった。すべての情報を入手する背景を持っていなかった。ご存じのようにわたしは

登録された建築家であり、ごく簡単な住宅をデザインすることはできる。しかし、それを続ける自信と時間はなかったので、その分野からは外にでて、自分が知っていることに固執することにした」とのことだった。

そうした建築の仕事の話で最も興味深そうに話してくれたのが、ニュルンベルグ裁判が行われた建物と法廷室の話であった。前述の英語作品集（2000）では、204ページに紹介されている1945年のプロジェクトである。ダンが見せてくれたのはドイツ語で書かれた歴史書だった（2―8）。今では爆撃されてなくなってしまったが、法廷室の家具など、インテリアと建物全体をダンが行ったということだった。何もないところからはじめて、裁判の日に間に合うように全ての仕事をおさめる必要があったという。この話の途中で、3人のランドスケープアーキテクトの写真が出てきた。わたしの記憶では、このドイツ語の本の中に挟んであったのではないかと思う。「これは何だろう。あっ、これは、ジェームズ・ローズだ、もう亡くなってしまった。

2―8　Ray and Klaus Kastner (1994) : Der Nürnberger Prozess : D'Addario'

彼は、彼の代わりに私に来るように言い、ある庭のデザインをしてほしいと尋ねてきた。これは、私とジム・ローズとガレット・エクボだ。ローズ、カイリー、エクボだ。わたし達は卒業してから離れた。ある意味では、私が彼らから別の方向に向かったといえる。つまり、デザインについて私は同じ考えではなかったのだ、私はデザインをもっと生活（life）と結びついたものとして考えていた」

具体的なプロジェクトの話は、私のヒアリング能力の関係もあり、いずれも私には難しく感じられたが、そのとき、ダイアグラムとはどういうものなのかを、ミラーハウスのプロジェクトを事例として説明してもらった。本書は、デザインの図や写真はできるだけ用いないという方針で書いているので割愛する。

ランドスケープデザインの探求者への手紙
（ダン・カイリーのスピリットへのオマージュ）

わたしのことに関心をもってくれてありがとう。これまでわたしが作ってきた作品やプロジェクトに対してあなたが示してくれた関心に対して、大変感謝し光栄に思っている。あなたは自分が感じた関心や疑問を私に示してくれた。私のデザインに関してもし興味のある点があれば、どんなことでもよいので、もっと送ってほしい。そうしたら、わたしはわたしの中の深い世界を喜んであなたにおみせしよう。あなたは大変鋭くこの職業をみている。その問題意識は、同時代に活躍しているデザイナー達を想定しても、何年も先に飛び超えているのではないだろうか。わたしは、いわゆる哲学なるものはデザインにはさほど影響を与えず、それぞれの敷地やその多様な物理的特徴が影響を及ぼすのではないかと考えている。

ところで、私は先日、我々がデザインした最新プロジェクトを見に行ってきた。施主は非常に親切で、プライベートジェットでやって来てわたし達スタッフを連れていってくれた。その飛行機はとても美しかった。私はそこで現場を確認してきた。施工は完璧なかたちで行われていた。施主は素晴らしい人物であるし、施工者も最高だ。よい施工者は本当に頼りになる。完成すればここ数年で一番よい作品になると確信している。

私はあなたがこれからこの分野に進んでいく際に、成功するのに必要な助けを与えることができる。もしあなたが何かランドスケープのプロジェクトに関わることがあれば、声をかけてほしい。また講演に呼んでくれれば講演を行うこともできる。どんなことでも気になることがあれば、知らせてほしい。もしあなたがこの分野にとどまり、いろいろな活動を行い、また心を閉ざさずどんなことからも学んでいくならば、あなたは偉大なランドスケープデザイナーになるだろう。私は確信している。それではまた会う日まで。

親愛なる探究者（読者の方々）へ（2―9）

コラム2　環境問題の根本を問う思想
リン・ホワイト（1967）：「エコロジー危機の歴史的起源」

筆者は、2010年から2018年まで、大学において「環境哲学」という講義科目を担当していた。この科目では「環境と社会」（2―10）というテキストを用いていた。テキストの第1章では、現在の環境問題について考える時の重要な視点を1960年代のアメリカにおいて提示した先駆者として、3人の人物を取り上げている。レイ

2―9　すばらしい能力をもったマスターが語ることができる芸術的な言葉を想定した。後半は分野への召喚であり、神からの語りかけに似ている。モーセは、最初に神から任務について語りかけられたとき、できるだけそのような任務に自分をつけないでほしい、と思い、神に対して辞退の姿勢を示した。しかし、神はモーセが任務を受け容れるまで粘りつよく語りかけた。

2―10　鈴木基之・植田和弘（2009）：環境と社会：放送大学教育振興会．このテキストは環境問題、環境行政などについて学ぶうえで、興味深い視点を提供している。たとえば国民に環境税を徴収するという考え方は、ピグーの『厚生経済学』（1920）の中の「外部不経済」という考え方の中にその萌芽がみられるというような指摘である。

チェル・カーソン、ギャレット・ハーディン、リン・ホワイト・ジュニア（Jr.）である。中でもリン・ホワイトJr.は、本書の内容と関係するため記す。彼は、1967年に「サイエンス」という雑誌に、「エコロジー危機の歴史的起源」という論文をまとめた。リン・ホワイトJr.は当時カリフォルニア大学の教授であった。テキストによれば、この論文は、キリスト教の世界観が、自然と人間を対立関係にしてきたことを批判し、カトリック教の内部で大きな反論を生んだもので、キリスト教とエコロジーの関係に関する議論はその後もまだ行われている、と説明している。確かに、論文中でリン・ホワイトJr.は、キリスト教が自然崇拝（アニミズム）を破壊したことを述べている。

リン・ホワイトJr.は、人と自然の関係を対立関係としてはみない考え方が東洋思想（禅）の中にあるのかもしれないとこの論文で示唆している。しかし、西洋人が東洋人の考え方を取り入れることには無理があるため、そういう方向に考えていくのはやめて、何とか西洋起源の考え方の中に、人と自然の関係をもっと調和的に捉えている思想を探らねばならない、とした。

彼が注目したのは、アッシジの聖フランシスコであった。聖フランシスコに関する有名な絵画に「小鳥達への説教」がある。イタリアの聖フランシスコのバジリカの下層と上層（2―11）には、フレスコ画として描かれたこれをテーマとした絵画がある。この絵は、聖フランシスコが、神の被造物（自然）を愛しており、小鳥達にも福音の説教をし、喜んだ小鳥達がこの聖人の衣に触ろうとして近寄っているという逸話を示す図である。

聖フランシスコの生き物に対する姿勢は、神父が人びと（兄弟姉妹）に接するのと同じ姿勢であり、人間以外の自然に対しても、人間と同様の姿勢で接するということを意味しており、人間と自然が対立関係にある、という考え方とは異なる自然への接し方であるとして、ここに今後の西洋人にとっての何らかの自然と接するヒントがあると、リン・ホワイトJr.は述べた。小鳥達に説教する聖フランシスコの絵画も、聖フランシスコが小鳥達に神を賛美するように説教しているとする。彼によれば、聖フランシスコはあるとき、狼によって荒らされていた地域に行き、狼に間違いを指摘した

2―11　このバジリカは13世紀の中頃完成したとされる。バジリカの下層翼廊には、聖書の中から範をとった物語が描かれている。イエスの生誕から磔刑、降架、ユダの自殺まで描かれている。一方バジリカ上層には、聖フランチェスコの生涯について描いた28のフレスコ画がある。身廊の上部には、旧約聖書から16、新約聖書から18の場面を描いたフレスコ画が描かれているという。

ら狼は悔い改めをして、自ら絶命したという言い伝えがあるそうだ。

以上で述べたのは、この論文の結論的な部分であるが、この論文には他にも重要な指摘があった。キリスト教の背景を持つ人びとによる自然への支配が顕著にみられるようになった時代として、中世の人間観、自然観について述べている箇所である。農業の時に使う道具である犂（すき）のデザインについてである。大地との関係をどうみているかが、この道具に示された、耕すための機能によって分かるという指摘だ。初期の犂は2頭の牛で引いていて、それは単に土を浅く引っ掻いている状態で、土をひっくり返すことはしていなかった。そのため、犂は直行させて用いなければならず、土地の形状は長方形であった。これは東方や地中海地方に合った方法であった。しかし、北方ヨーロッパでは異なる方法が用いられるようになった。垂直のナイフで溝を切り、水平の犂刃が土をうすく切り分け、犂へらが土をひっくり返した。土の摩擦が大きくなったので牛は8頭必要になった。土地へ暴力的な攻撃が加えられるようになり、垂直に交差させて耕す必要はなくなり、農地の形状は細長い区画となったという。家族の助けは要らなくなり、大地を耕す機械の能力に頼るようになった。当時世界の中で他のどこにもこのような農業の改造を発展させた場所はなく、その自然に対する無慈悲さは、のちにこの北ヨーロッパの農民の子孫達によって、近代的な技術を生み出していくことになったという。さらに、キリスト教は異教の自然崇拝（アニミズム）を破壊することによって（2—12）、自然という対象に対して無関心な雰囲気のなかで、自然

2—12　キリスト教がどのように異教徒の自然観を変えていったかを示唆する具体的事例として、社会システムの形に操作を加えるという方法がある。レヴィー・ストロースの『悲しき熱帯』の中には、ブラジルのインディオであるボロロ族の、環状に並んだ居住地から居住者を移動させ、一列に並んだ居住地に連れてくることで、人びとを改宗させる方法を思いついたサレジオ会の宣教師達の話が述べられている。伝統的な居住地の形は、そこで生きる人びとの考え方を反映しているので、形が変えられると考え方も同じではすまなくなる。

「アメリカンランドスケープの思想」（注2—3参照）の中で、ガレット・エクボもまた、あくまでも私見であるがとして、キリスト教、ユダヤ教の信者になることで、西洋の宗教では人間は自然を満足するまで使ってよいのだと考えられ、科学がそのことを補強したとしている。自然は豊かな倉庫であり、人間が望むように変更が可能なシステムの集積したものであると、人びとは自然を観てきたが、その結果地球は非常に悪くなってしまった。そのため、エコロジカルムーブメントがでてきた、としている。その極端なものがディープエコロジーだとしている。東洋ではすでにその事実に気がついていて、仏教は自然と人間との統合を教えてきたが、ランドスケープにおいては東洋が西洋より優れているとは思わない、と述べている。

を征服することが可能になったという。

リン・ホワイトJr.は、今日の科学も技術も、正統派キリスト教の持つ、自然に対する傲慢さを継承しており、これらによっては今日の生態学的な危機の解決は望むことができない、私達の抱える問題は多くの部分が宗教的なものであるから、その治療法も宗教にあるに違いない、そこで聖フランシスコの思想が見直される、とした。

コラム3 フランク・ゲーリー　デザイン事務所の経営倫理

フランク・ゲーリーといえば、造園関係者の中にはその名を聞いたことがない人もいるかもしれない。スペインのビルバオのグッゲンハイム美術館の建物のデザインでよく知られた建築家である。街中に立ち上がった異形の美術館に対して、その風変わりなデザインは、明らかに景観を破壊している、と思う造園関係者は多いだろう。

完成品が公共空間の中で視覚的に及ぼす作用についてはおいておくとして、ここでは、彼が自ら経営する事務所の運営について述べた箇所で、ふと２０１６年の雑誌を読んでいた時にわたしの目に留ったところをまとめてみようと思う。

日本でも働き方改革などが言われるようになったが、建築や造園のデザインに関わる事務所では、締め切りが近づいて仕事量が多くなると残業が重なることが多いのではないだろうか。この件は国柄の違い、また対象とする組織が公共機関か民間機関かの違いによって随分慣例は異なることと思う。

瀧口範子によるゲーリーへのインタビューをみてみよう（2—13）。雑誌名は、「ＡＸＩＳ」で、デザイン系の雑誌である。次のような話題について話されている。建設業界の変化について、ゲーリーが設立したＣＡＤ会社の概要とその売却について、３ＤＣＡＤ

2—13　デザイン＋1編集（２０１６）：ＡＸＩＳ：17—19．瀧口は、建築家へのインタビューを数多く行っているジャーナリストである。伊東豊雄、レム・コールハースに関する書籍は、作家の当時のトレンドをよくまとめている。

と自身のデザインについてなどである。それらも興味深い内容である。インタビューの終わり頃、瀧口は、ゲーリーの生い立ちについて述べたあと次のように質問をした。

「あなたの生い立ちも興味深い。祖母は台所の床にブロックを並べて幼少のあなたと何時間も一緒に町づくりをして遊んでくれた。両親はそれほど豊かではなかったにもかかわらず、恵まれない人を家に招いたりして寛大だった。そうした環境で育ったあなたは、人間的にどんな強みがあると思いますか」

これに対して、

「さて、何でしょう。私はできる限り、他人に対して尊敬の念を持つことにしています。大きな会社を経営しているとたまに不機嫌になりますが、私はそれほどでもない。なぜならこの事務所はビジネスモデルとしてうまくいくようにつくったからです。私はさほどビジネスには長けていませんが、シンプルなルールにさえ従えばいいのです」

「シンプルなルールとは何ですか」

「私はごく最初のころから、一緒に仕事をする相手には決して『ただ働き』をさせないようにしてきました。そして年末になると、物価の上昇に見合った昇給を受け、ボーナスをもらう。最初その額は小さいでしょうけれどね」

「ご褒美のシステムということですね」

「いや、尊重のシステムです。ヨーロッパなどでは、建築事務所で学生がただ働きしていることがありますが、私はそんなことはとてもさせられない」

この対話の中で示されているのは、（職業）倫理に関する見解である。デザイン活動を支える組織の内的基盤についてである。就業時間については、就業が楽しみや生き甲斐につながっている場合には、長い時間働いても感覚的には長く感じない。時間の感覚は、必ずしも時計の針の動きと一致するものではない。その感じ方は人によって、取り組んでいる内容によって変化する。仕事をする者に共通の時間感覚や文化的背景があることを望むことができない場合は、労働の行われた時間こそが数値にすることができる客観的な評価方法となってしまう。見習いの時期の人をどう取り扱うか、ひいては会社の従業員をどう扱うか、経営の考え方が反映される。業界に慣例となっている従来型の徒弟制度ではないシステムを作り出すには、経営者の側に、業界に入る以前に培われた倫理の感覚があるはずで、このインタビューはそうした点を浮き彫りにしてくれたのではないかと考える。

コラム4　ハルプリンズ

20世紀のアメリカにおいて、最も世界に影響力を与えたランドスケープ・デザイナーの一人であるローレンス・ハルプリンについても話す必要がある。

わたしはプロセスアーキテクチャ誌に掲載された作品集（2—14）ではじめて彼を知った。学生時代のことだ。彼のデザインそのものもどことなく変わっていたが、造園風景の写真にダンサー達の姿が写っていたことが印象的であった。造園写真ばかりでなく、デザインのスケッチが添えられていたが、ダンサー達の身体の動きの瞬間を素早く描いたものもあった。ワークショップと書かれたダンサー達の活動写真を見ていると、周囲の自然風景に対して人間がどのように自己を関連させていったら良いかを真面目に模索をしているように見えた。さまざまな一般慣習上のタブーを乗り越えて真理を探求しようとする意気込みが発散されていた。

写真集でみるローレンスのデザインそのものからは惹き付けられるものもあったが、どこかで違和感を覚えていた部分もある。公園の中に設けられた滝（例えばラブジョイプラザ、フォアコートプラザ、マンハッタンスクエアなど）、は、自然石を組ん

2—14　ローレンス・ハルプリン（1978）：ローレンス・ハルプリン、プロセス・アーキテクチュア特集／アメリカの環境デザイナー：プロセス・アーキテクチャー社

で造ったものではなく、型枠にコンクリートを打設して造った大掛かりなもので、段差がかなりあるため絶壁のような状態になっている部分もあれば、高さの低い階段がなだらかに拡がっている部分もある（2―15）。しかし、作品写真には、ダンスのメンバー達が腰掛けたり水しぶきをあげたりして遊んでいるような姿があり、人工的に造られた滝が大切そうに活用されていた。できあがったデザインそのものより、デザインの解をみつけるためにひらかれているワークショップや、その場に集まっている人々の方に、特別な意味があるようにみえた。この作品集の中にみられる要素と、当時わたしが関心をもっていたスピリチュアリズムや神秘主義的な言説などに影響を受けて、学内で試験的に行ったワークショップを一冊の本としてまとめた（2―16）。

協働していたアンナ・ハルプリンについても様々な書籍（2―17）や動画があり、興味深く見ていた。最初はローレンスのことに関心があったのだが、次第にアンナの活動に興味が湧いてきた。アンナには舞踊家とか振付家といった名が与えられている。2012年の5月、当時アンナは92歳に差し掛かっていたが、ワークショップをやっているようであったので実際に行ってみることにした。ここからの記述は記憶で書いているので、多少の間違いがあるかもしれない。予約はしていかなかった。ダンスのワークショップの生徒は、家の入口に出ている案内にしたがって進んでいくようにと表示されている。まずは控え室に入るように指示されている。私が入っていくと、東洋人は私一人であった。若い人が多かった。ほとんどの生徒さんは、アンナの娘さんのダリアさんのクラスの生徒さん達だったことが後から分かった。私がローレンスの

2—15　これらは完全に人工的に作った滝で、自然を観察したうえでそれを抽象的に表現した滝である。大きな岩から水が出るのは聖書の記述によれば神の奇跡を示す出来事である。後の不動明王についての記述を参照せよ。カイリーも水の演出に相当こだわりをもって取り組んでいた。

2—16　Naokata Okajima (2008) : Learning About Relationships : Trafford Publishing. 英文校正には出したが英文はあまりこなれていないようである。割合と癖の強い表紙のため、実際に内容を目にした人は少ないと思われる。自分はこの表紙をラッピングする折り紙を日本人のデザイナーの人に造っていただき、個人用に使っている。学内ワークショップを実施した当時は、ＲＳＰＶについての認識はなかった。この本は、幾つかのスコアとそれに対するパフォーマンスや価値評価の実例を収録したもののようにみえる。２００４年に出版されたアンナのプロジェクトに関する書籍から啓発されたもののようである。

2—17　Libby Worth, Helen Poynor (2004) : Anna Halprin : Routeledge

仕事に関心があって訪問したが、アンナのダンスクラスに参加してみたいというと、生徒さんのうちの一人が自宅にいる本人に取り次いでくれた。日本から来たというと興味をもってくれたようだ。さきほどの控え室の外の階段をのぼっていくと、控え室のちょうど上にスタジオ、階段を挟んで反対側にローレンスがデザインした有名なダンスデッキがあった。スタジオがあるので室内でもレッスンができるのである。自分は日本で造園の研究をしている者で、ランドスケープデザイナーのローレンスの活動に関心があり来たこと、そしてアンナのワークショップも受けてみたいことを告げた。アンナは非常に驚き、しかし歓迎してくれた。アンナのクラスが始まる時間は迫っていた。1週間ほど前にスイスからアンナのクラスを受けに来ていた男子にことづけしたため、その男子がハルプリン家の周囲の環境（ランドスケープ）をざっと案内してくれることになった。自宅から階段状になった場所を降りていくと、まず有名なダンスデッキがある。ダンスデッキを見下ろす段々は、聴衆が座って、デッキでの屋外ダンスが鑑賞できるようになっている。作品集に出ているとおりである。そのダンスデッキの右側？を降りていくと、ダンスデッキを下から見上げることができる。さほど勾配はきつくないように感じた山の斜面に、浮き床のようにデッキが突出しているが、階段を降りるとそれを支える構造材が見えた。清水寺の舞台のようだ（あれほど落差はない）。そのあたりから敷地内の樹林地をぐるっと一周するうちには、以前稲妻にうたれて枯れてしまったという巨木があった。また、アンナが自分の身体をあたかも自然の一部のように同化させるパフォーマンスをしたと思われる場所もあった。一周すると、ダンスデッキの左側に上がってくることができる。この樹林地の樹林（ダグラスファー）は、ダンスデッキの下の斜面から生えており、竣工当時はまばらだったため、この斜面の下の風景も見えていたのであるが、いまや大きく生長しているので、ダンスデッキの壁（舞台奥の壁）のようになっている。

一周して自宅の入口に戻った。そこでアンナは、ローレンスの仕事場を見せてくれた。その折にローレンスが書いた1冊の本をくれた。その本は、私がはじめて見た本だった。

"The RSVP Cycles"という本である（2―18）。長い前置きであったが、この本に書

2―18 Lawrence Halprin (1969) :The RSVP Cycles, Creative Processes in the Human Environment : George Braziller, Inc., New York.

かれていた内容が本書と関係する。このＲＳＶＰサイクルのモデルについて、造園系の学会で発表したことがあるが、サッカー場にバットを持って登場したような具合になってしまった。具体的なプロジェクトについて論じて欲しいというコメントをいただいて終わった。この日は、アンナのワークショップに参加してその後すぐ帰国した(2—19)。

この書に書かれているのは、ローレンスが仕事上見いだした一つのシステムであり、ある時からアンナも使い出したものである。本書ではＲＳＰＶが誕生するまでの出来事から、順にかいていくことにする。

ウィスコンシン大学在学中に、ローレンスとアンナは出会って結婚し、途中ローレンスがグロピウスのいるハーバード大学デザイン学部にランドスケープデザインを学びにいくことがあった。その後ローレンスはイスラエルのキブツに行き、アメリカ海軍に入り、第二次世界大戦では太平洋上のオーストラリアや慶良間諸島まできていた。しかし戦渦に巻き込まれて船も破損したのでいったんサンフランシスコで船の修

2—19　この日のアンナのレッスンでは、幾つかの課題が行われた。レッスンに先立ち、今日はゲストが来ましたと丁重にクラスに紹介された。このゲストは何と今日来て、レッスンを受けたら明日は日本に帰るのだそうです、皆さん信じられますか、と言われた。覚えているのは、二人一組で音楽のリズムに合わせて身体を動かすのだが、相手との間で両手は接触しておかなければならないという原則のある課題、同じく太鼓の音に合わせて自分の身体を何らかの動きをつくりながらもスタジオ内をランダムに素早く動き回るのだが、その際に周りの人とぶつからないように移動するというような課題である。一番目の課題は、自分が身体を動かそうとする時に相手がいるために自由自在にはいかないということを知る。身体が動き上どういう制限をもっているか、身体の外にある素材について相手とともにまなぶことができる。二つ目の課題は、いっぺんに大勢で行うので、動き回っている多くの人をどう認識するべきか、どこに注意していればぶつからないですむか、というようなことを意識させられた。最後に、今日は造園を学んでいる日本から来たゲストにために役立つ課題（スコア）を考えて実施した、との話がなされた。アンナは黒板のようなものに、ＲＳＰＶサイクルのモデル図を書き、解説をしてくれた。今日の課題では音楽が(S)スコアであった。(S)スコアはハウツーではない。すなわちスコアは「方法」は教えないものなのだ。(R)リソースは4つからなる、活動と人々と時間と空間だ。「方法」を示すのは、(S)スコアではなく(V)価値評価である。(V)では批評は行わない、批評は創造性を破壊する。それは熱情ではない。(R)から(P)に進むのは「即興」と言う。などである。

理をすることになった。そのときアンナはローレンスを迎えに行き、はじめてサンフランシスコの自然を見ることになった。そのときおりしも終戦となった。それまでアンナは、東海岸で活躍したいとおもっていたが、西海岸の自然がすばらしいことに気づいてそこに住むことを希望するようになったという。ローレンスも西海岸で仕事を見つけたので、二人は、サンフランシスコ郊外に住むことになった(2―20)。アンナはそこでダンススクールを開始する。アンナが探求していたのは、伝統的なバレエのようなものでも、当時有名であったダンススクールのようなものでもなく、人間が自己の内側の要求に従って、自己の内側から湧き出る動きによってダンスをするとどうなるかということであった。西海岸の豊かな自然を生かし、雄大な自然の中にいる自分という存在を尊重して身体の動きを開発するとどうなるのか。アンナは即興ダンスを重視していた。ダンスを、伝統で定められた身体の動きであるとか、それらしい身体の動きであると考えなかったアンナは、1960年代当時のアメリカの社会風潮の中で、一見反社会的デモ活動に見える行進パフォーマンスを行ったりした。しかしアンナはそれを体の動きに関するダンスとしてみていたに違いない。

ダンサー達のグループ活動を行う上で、アンナはその都度何を行うべきかを決めなければならなかった。それはプログラム造りとでもいえるものである。その時に、「スコア」を書く、という考え方が出てきた。これは、ローレンスの仕事においては、造園の設計図を描くということに類似するものであったため、ローレンスにはある程度イメージしやすいものであったが、それでも設計図そのものではなかった。ローレンスはアンナがダンススクールでやっていることを観察し、何か手助けになるような方法はないかを模索した。ローレンスの方も自分の仕事に生かすことができる何かを開発をしなければならないという問題意識があった。真に新しい表現とは何か、個人が尊重されるデザイン方法は何か、を探求し始めていたのである。たとえば、音楽の演奏ということでいえば、音楽家は、楽譜をもとに演奏をする。この方法によると、演奏家達は先に楽譜があることによって、集まった時に共通の音楽を演奏できる。ローレンスは演奏家になることに創造性があるとは思っていなかったのだろうか。むしろ作曲にあたる行為が重要であると考えた。そこで、人びとが集まった時に活動の指針

2—20　California Historical Society (2016) : Anna Halprin at the opening of Experiments in Environment : Youtube, 46min. を参照した。

となるプログラムが必要となった。ただしそれは、参加している個人を充分に尊重するものでなければならなかった。ある決まりきった結果に全員を有無を言わさず導くものは、いわゆる独裁的な進め方となるので、それを避けて、民主的に物事をすすめる必要があった。そこで、ダンススクールの生徒達個人個人がそれぞれ自分にとって必要な表現をさがすという、個人の自由、個人の探求をゆるす、ある程度柔軟なプログラムをかくことが要求された(2—21)。それがハルプリンの言う「スコア」である(2—22)。前著RSPVサイクルの本によれば、次の表1に示すものがスコアの性質である。わたしの翻訳が直訳に近いため、やや分かりにくいかもしれない(2—23)(2—24)。スコアでは、あるべき成果物の形を具体的に明示しないことが大切なのであった。そのことは表1の5番目の項目に示されている。

2—21 ゆるいスコアが提示されると心が閉じてしまい、内側から負の感情が湧き上がってくる場合があるように見受けられる。何をしたらいいか直接命令してほしいという思いとぶつかる。日本人は割合とこの傾向が強いように思われるが、日本人だけではないだろう。アンナはワークショップの参加者達のそうした思いとたくさん遭遇して向き合ったと思われる。

2—22 ここでは、アンナのワークショップのプロジェクトに参画しているローレンスの姿を注視している。ローレンスのランドスケープ事務所でも市民の参画を促す手法がとられていた。１９７７年から5年ほどローレンスの事務所に勤めていた上山良子氏から提供していただいたフォートワースプロジェクト（１９７０年）の資料によれば、市民の意向を聞き取ってレポートとして残しておくということは手続きとして行っていたが、あくまでもそれは前提であって、具体的デザインの段階では市民の描いたデザイン画が実行されるとは限らないことが明示されている。そこにはローレンスが専門家としてデザインそのものを研ぎ澄ませている側面があり、市民のアイディアに拘束を受けずに実際のデザインを行うという区別があった。ダンスの場合は基本的には参加者個人の身体さえあればそれぞれが自分にあった動きを探り、それを自分の直接体験として実感できるが、ランドスケープデザインにおいては、ただ一つの形を、多くの予算を使って実施しなければならないという強い制約があるため、そうならざるを得なかったのかもしれない。この矛盾はのちにランドルフ・ヘスターらにより批判の対象となった。

2―23　表1は先に示した"The RSPV Cycles"（１０６９）、１―5、１９０―１９５．の中から幾つかの骨子を抽出したものである。

2―24　こういうものがスコアであるとすると、誰かがかいた書いたスコアがいつまでも繰り返し演じられて（パフォーマンスされて）いくのが、日本の伝統的なお祭りであろう。日本ではスコアの書き手やスコアの存在についてはあまり省察されず、すでに伝わっているパフォーマンスをにぎやかに挙行すること、つまりパフォーマンスを真似して伝承することに力点が置かれ、結局スコアが長きにわたって作用していくという事象がみられる。

表1　スコアの性質（2—18の文献）

1	スコアは、全てのアートにおいてプロセスを記述したり可視化したりする。それゆえにスコアを使えばプロセスをともなったデザインをすることができる。
2	スコアがあれば、別の人々、別の場所、別の時期でもそのプロセスを分かち合える。スコアとは、多くの人々がいっしょになって創造行為に入っていけるようになる乗り物のようなものだ。
3	スコア作成では、多変量でオープンなプロセスが常に必要とされるだろう。それが人間の生活様式、態度、創造性、計測不能な態度や開放性といったものに役立つはずだ。
4	ゴールが不可能性に突き当たるところで、スコアは可能性に直面する。
5	スコアは、ゴール主導型のものではない。スコアは希望主導型である。
6	スコア作成はプロセスを可視化する。そのため、スコアは私にとって、ＲＳＶＰサイクル全体の中でも鍵となる連動装置である。連動装置の中の一つにしか過ぎないが、全体の過程のなかの核になる。
7	スコアは時間を超えて広がる。
8	スコアは序列的なものではない。関わっている人をすべて同じ重要性で取り扱う。
9	スコアはそれ自身で終わることもできる。パファーマンスとは区別されている。

10	スコアは自然のプロセスと非常に近い関係を持つ。長期にわたって作用し、非批判的で、入力を平等に見ており、結果中心でないからだ。
11	スコアはプロセスを活気づけることも、それを記述することも、コントロールすることもできる。事前に決める必要がある。

しばらくするとスコアを用いて活動しているだけでは、何か決定的な要素が足りないとローレンスは考えるようになった。それで、スコアと連動して使うことができる別の要素を付け加えていった。それが、ＲＳＰＶサイクルというものの考案につながった。今日で言うＰＤＣＡサイクルに似ているようにみえる。次ページの表2に訳して表した。Ｒはリソース（資源）である。Ｓはスコア（日本語に言い換えないほうがよさそうである、そのままでも意味は通じるのではないか）である。Ｐはパフォーマンス（音楽でいえば演奏だが、対象は音楽だけではないのでこれも言い換えたくない）である。Ｖはバリューアクション（評価活動）である。これら４つの活動を並行してまたは順を追って実施していくならば、活動を意義あるものにできるのではないかということである。

次ページには、丸い形をした図（図1）がのっているが、これが、ＲＳＰＶの図である。ＲＳＰＶは、個人と社会との関係を示し、社会的に行う活動を表現できる。外側の円は、コミュニティー、つまりグループ活動である。一方、内側にある小さな円は、「自己」または「個人」に関する世界を表す。個人の核は黒丸で表現されている最中心の部分である。個人というものは、それぞれ自己が育ってきた特別な背景をもっている存在であるから、この個人を表す小円は、図として描く時にはいろいろな変わった図案があっても良い。筆者がみた図案としては、クモの巣のように放射状の線が描かれた「個人」であったり、黒丸の部分がべた塗りの黒ではなくて、90度に四等分された円になっていて、紅白に色分けられた核を持つ「個人」があった。その「個人」が、コミュニティーでの活動に参加することになると、円の中心部から離れて、外部の円上の奨励されている４つのプロセスのいずれかの方に向かって動き出す。いったん４つの記号のどこかに達すると、そこから円の軌道上をとなりに進んでも良いし、もとの中央の座を素通りして向かい側に進んでも良い。対面する記号の方には、直接進まないと、隣のプロセスと重なりをもってしまうという難点がある。そのときには隣のプロセスには留まらず、関係性をもたずに素通りすることができるようになっ

表2　RSPV サイクル　前掲書 p.2（和訳は筆者）

R	資　源	あなたがそれとともに仕事をしなければならないもの。これらの中には人間、自然的資源も含む。それらの動機や目的も含む。
S	スコア	パフォーマンスを導くプロセスをしめす。
V	評価活動	行動の結果、可能性のある選択や決定を分析する。このサイクルのなかでの方向づけられた決定という意味もあるが、方向づけられた行動という面ももつ。
P	パフォーマンス	スコアの結果であり、そのプロセスの「様式」である。

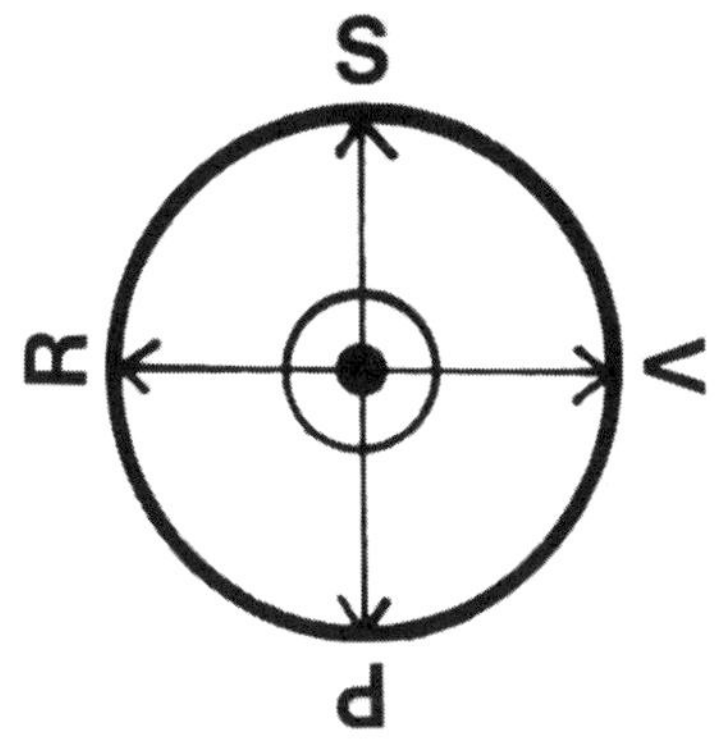

図1　RSPV サイクル　前掲書 p.2（図は複写）

ていなければならない。そうすると、あるときは、個人はRのところに行くが、そのRへの参画が終われば、Sに行くかもしれない。もしくはRからPに行くかもしれない。結局のところ、4つの要素の間は自由自在に移動できる。しかし、コミュニティー活動が終わってふと我にかえると、個人は、自分というポジション（おそらくは中央のあたり）に戻っている、というものだ。戻らない場合もあるかもしれないが、なぜこのグループ活動から離れたところに落ち着くかと言えば、そこに中立な個人が落ち着ける場所があるからだ。これは、ゲシュタルト安定と呼ばれる現象であるとした。中心の小さな円（○）が、コミュニティー活動の流れにのって動いていくというのがローレンスの考えであったことは、アンナから渡されたこの本がなければ分からなかった点である。また、ローレンスはこのRSPVのサイクルのモデルは、外界からの影響によって四方八方に運動させせられていくものとして捉えた。

ローレンスは一連のシステムとしてこれを認識し、自分のデザイン活動やアンナとの共同プロジェクトにおいて活用していった。ローレンスは、のちにこのRSPVサイクルは宇宙の真理であるとして、自らの考案したシステムを高く評価している(2—25)。

アンナはこのシステムを意識することで、有意義なダンスの活動ができるようになったと述べている。

二人が1968年に共同で実施した24日間のワークショップの中から、「流木村のプロジェクト」のスコア（表3）と、その場所の元の概況を表す図、すなわちR「資源」を示す図（図2）をつけておく。「流木村のプロジェクト」は、砂浜に打ち寄せられていた様々な流木と、その場所の地形の特徴などを生かして、その場の空間に変化をもたらすことが期待される課題であった。参加者は35人で、デザイン、教育、心理学、社会学、計画学、ダンスなどの異なる専門教育を受けた人々が参加した。表3は一日目に行われたスコア（流木村Ⅰ）をまとめたものであるが、この課題は「個人」に働

2—25　Ruedi Gerber (2009)：Breath Made Visible：DVD. このＤＶＤの中に、ローレンスが自宅の一室で大きな紙にRSPVの図を描いている場面がある。図の下にタイトルを書こうとしたとき、アンナがそれは「一つの創造的なプロセス」(A Creative Process) でしょう？と言うと、いやこれは「唯一の創造的なプロセス」(The Creative Process) なのだ、とローレンスは答える。ＲＳＰＶは、この惑星地球の上にある生命すべてに関わるプロセスであり、現象のことなのだとローレンスは説明している。

表3　流木村プロジェクト　前掲書 p.157（和訳は筆者）

スコア1

スコア (S)	リソース (R)
1 ―この砂浜の環境に触れなさい。 2 ―その環境を変えなさい。	1 ―限られた要素：物理的環境（ダイアグラムを参照せよ） 2 ― 35 人の人々 3 ―材料：流木、水、砂、崖、風、海草 4 ―動機：個人の必要と興味にしたがって。

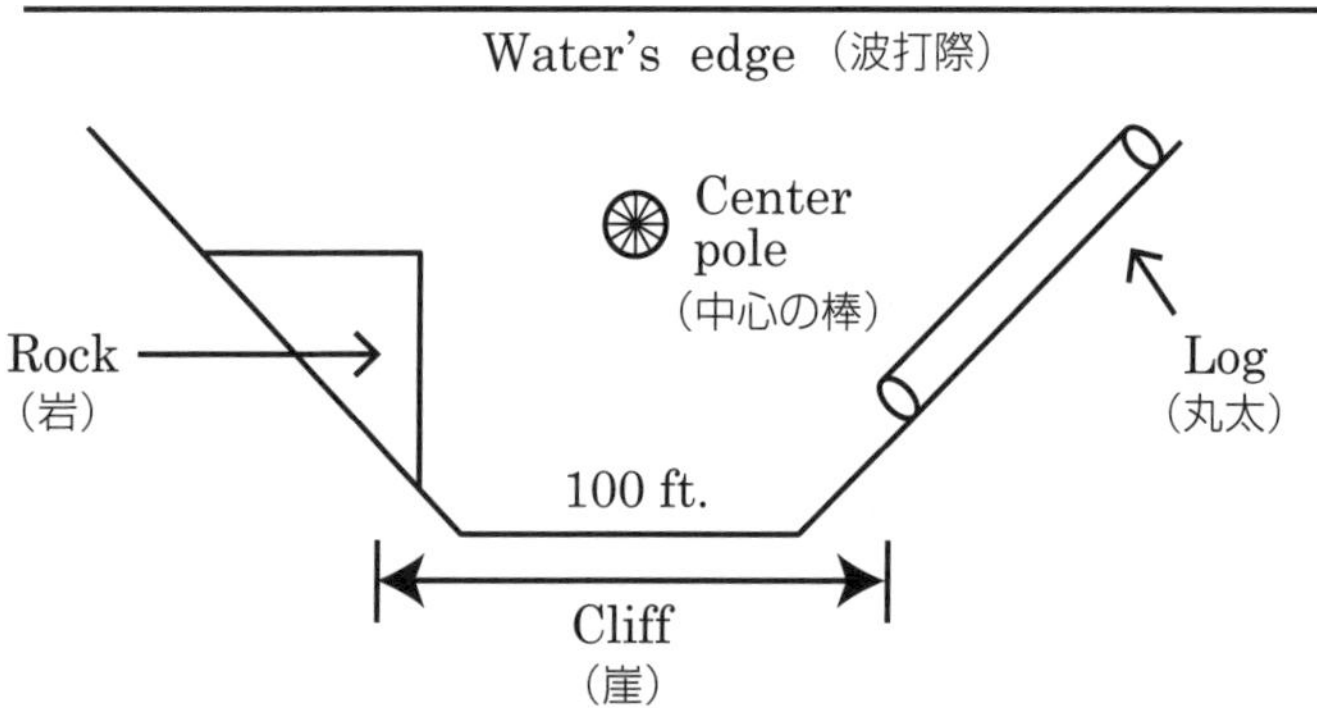

図2　流木村プロジェクトのダイアグラム（敷地概況）
前掲書 p.157（元図を描き直し訳をつけたもの）

きかけるものであったようだ。このスコアに基づいてパフォーマンスが行われると、翌日はそれを取り壊すところからはじめる、二つ目のスコア（流木村Ⅱ）が提出された。そのスコアは次のようなものだった。「流木村の環境の中に入りなさい。昨日作った構造物は撤去しなさい。その経験を動機として、コミュニティーとしての環境を作りなさい。つまり、どんな選択をあなたがするにしても、グループ全体におよぼす影響を意識すること」

初日の「環境」が取り壊された際には、おそらくⅤ「評価活動」が自然に行われたことであろう。二日目は著しく濃密なグループ活動が起こり、協力しあいながら皆が動き参加し、皆のための構造物が造られたという（2—26）。二日目のパフォーマンスによってできあがった実空間をもとに、それぞれのグループに図を描いてもらい、それらを合わせて全体図を作った。それを見たローレンスは、「マスタースコア」が立ち現れたものと解釈した。マスタースコアが最初から準備されたものとして登場するのではなく

2—26　Lawrence Halprin, Jim Burns (1974) : Taking Part : The MIT Press, 187.　この本は日本語にも訳されている。

はなく、活動の結果として表れたとする考え方は面白い。このようにして造られた流木村Ⅱも、完成後は撤去され、それぞれの素材をその場の自然環境にあわせて戻すという儀式を行い、このプロジェクトを終了させることにしたとある。

ローレンスはRSPVサイクルの本を書いている途中で、人類史上最も効果的なスコアがあることに気がついた。それが聖書というスコアであった。何者かがこのスコアを書き、その効果がいまでも残っているとした。ローレンスの指摘した聖書のスコアは創世記の冒頭部分から抽出したものである。それを表4に示した。

ここでようやく聖書が出てきた。わたしが聖書を仔細に調べてみる必要を感じたのは、ローレンスのこの指摘があったからである。すなわち、人類史上最も有効なスコアであるという聖書を通じて造園を学んでいくという方法もあったらよいのではないか、と思ったからであった。

そこで、聖書においては、人は何をするように示唆され、それを人がどのように受け止め、それがどのような結果を人に生んでいくかというようなことをみていくこと

表4　聖書のスコア　前掲書p・99（和訳は筆者）

	スコア	効果
1	神は6日間働いた。	働くことが神である。我々はみんな働く。
2	神は7日目に休まれた。	我々は1週間に1日だけ休む。それは「報酬」としてだけである。
3	創造の7日間がある。	我々の生活は1週間ごとのリズムに落ち着いている。
4	神は人間を造られた。	神の直接的な関係→人間。進化したのではない。
5	女性は人間のあばら骨から、連れとして造られた。	女性の二次的な位置。
6	人間は神のイメージの中で造られた。	人間は神―他の生き物よりもより重要である。
7	人間は「動物」の名前を付けた。	人間は動物「より優れて」おり、動物達を支配する。
8	人間はもともと庭（エデン）の中にいた。	人間は、最初は自然の一部分であった。
9	蛇がリンゴを使って人間を誘惑した。	自然そのものが誘惑である。
10	人間が知恵の木から食べたとき、彼はエデンの「庭」から追放された。	知識があると（もしくは責任があると）簡単で直接的な自然との関係を拒否するようになる。
11	人間が地球に増えるように言われた。	人間は自分達のために地球を支配し、人口を増やす責任をもっている。
12	神は知識を要求した罰として、人間に裸でいることを禁じた。	原罪という概念と、「自然の感覚的な反応」の邪悪性。

が、ローレンスから受けた示唆を生かす、私なりの造園とは何かという一つの問題意識ではないと思うことができた。

第三部

作庭記と造園学

1　作庭記に現れる漢字の重視

ここでは、作庭記に現れるデザインの思想のうち、漢字について述べた箇所をみてみよう。原文を引用するに当たっては、森の著作(3—1)を参考にした。

一　峯の上に又山をかさぬへからす山を
かさぬれは祟の字をなす／水は流入物成形
随形成善悪也然者池形よく〳〵用意ある
へし　(578—580段、「／」は意味の変わり目に筆者が加筆)

3—1　森蘊(1986)：「作庭記」の世界：日本放送出版協会、75.

まず最初の箇所である。大まかに訳してみよう。庭を作る時に、盛り上がった地形（山）の上に、さらに山のかたちを重ねることがあってはならない。なぜなら山の上に山を重ねれば、「山」が二つとなり、漢字にすると「出」という文字になる。つまり「出る」ことを示す意味となるが、出ることを示す、つまり、「出」の下に「示」と書くとその意味は何かといえば、漢字で「祟」という形になり、それは祟り（たたり）という文字になる。祟りとは、広辞苑では、「神仏・亡霊・もののけなどが禍いする。罰をあたえる、害をなす」などと説明されている。こうなっては縁起が悪いので、庭にそのようなデザインを取り入れないようにすべきだ、というのである。

この内容をふりかえってみよう。山の上に山を重ねる、ということは、通常であれば、漢字のでき方の観察である。しかし作庭記では庭づくりと関係づけられて述べており、決して漢字の書き方だけを示しているのではない。このことは大変重要である。山について語られているのであるから、まずは庭のデザインとしての地形操作のことを示していると捉えるべきである。ただ単に漢字を組み合わせたときに意味がどう変わっていくかを確認している、などといったことではない。「作庭記」は、庭の造り方（＝石を立てる方法）を示している書物であるから、物理的に外部空間に変化をもたらす行為のことについて述べているものである。山の上に山を重ねるという行為の是非をみる際に、これを漢字の世界に変換して確かめようとしている。すると「たたり」という文字になってしまう。となれば、これはわざわいを示すことになるのだから、そのようなデザインはすべきではない、という示唆である。ここで、物理的な作庭手法→漢字への変換→意味の出現→作庭方法の評価、という流れが示されている。この手続きによって、庭の是非を判断するという一つの方法を示している。つまり、デザインの善し悪しのチェックをする際に、漢字を一つの道具として使っていくということである。

さらに続きの箇所をみてみよう。水は、入れ物の形の通りに形をつくりだす、そして形にしたがって善悪をなすとして、そうであるから、地形の操作についてはよくよく考えて行わなければならない、とする。流れる水、流れた水がなす形を述べている。入れ物となる池や流れの形を決めるのは、ここでは人間、作庭者である。

その定めた形にしたがって、水という自然が創り出す形が決定される。ここまでは形の話である。しかし、その形によって善と悪の作用が決まるというのである。これは、形によって良い結果をもたらしたり、悪い結果をもたらしたりすることがあるとの考えである。特に池の形には注意しなければならないとしている。良い作用悪い作用に関係する形といえば、おそらく肯定的なイメージを持つものと否定的なイメージを持つものがあるのであろう。形のことを言っているので、意味が捉えやすいものとしては、漢字の形も関係があるであろうし、生き物の形も関係があるかもしれない。

実はこれは後の段で説明されている。先の引用から16行離れたところに次のように書かれている。

一　池はかめもしはつるのすかたにほるへし
　　水はうつはものにしたかひてそのかたち
　　をなすものなり又祝言をかなにかき

たるすかたそなとおもひよせてほるへきかなり　（598―602段）

池の形は、亀か鶴の姿に掘るべきである、なぜなら水は器のかたちに従って、形をつくるものだからである、としている。また祝いの言葉を仮名で書いた姿に思いをよせながらほるべきである、としている。鶴や亀は縁起の良い生き物として古来とらえられてきた。そのような縁起のよいモチーフの形に掘ることと、またかな（仮名）でめでたい言葉をかく様子をイメージしながら掘るべきだということが述べられている。後者は、最終的な形の問題ではなく、土を掘るときの気持ちの持ち方ともとれる。仮名を草体でかくとかなり流麗な外形ができることが想起される。その流れるような気持ちであろう。

池の形を決めることには、この段（598段）において、かなり限定的な考え方が出されている。単一の池の形をつくろうとすれば、一筆書きのようになっていて、線がとじていなければならないわけであるから、画数の多い漢字の形を用いることには困難がありそうである。

作庭記では、もう一か所、漢字のことについて触れた箇所がある。「一樹事」とした箇所である。

門の中心にあたる所に木をうふる事ははかるへし閑の字になるへきゆへなり
方圓なる地の中心に樹あれはそのいゑのあるし常にくるしむことあるへし
方円の中木は困の字なるゆへなり
又方円の中心に屋を立てゝいれはその家主禁せらるへし方円に人字あるは囚獄の字なるゆへなり如此事にいたるまても用意あるへきなり（711—719段）

森蘊の訳を引用する。門の中心にあたるところに木を植えるのはやめた方が良い。それは閑という字になるからである。方形や円形の土地の中心に木があれば、その家の主人が常に苦しむことがある。方円の中の木は困の字だからである。また、方円の土地の中心に家を立てて住むと、その家主は拘禁囚されるであろう。方円の中に人のあるは囚獄の字であるからである。このような事に至るまでも注意すべきである。

このようなことに至るまでも、考えを及ぼすべきである。と最後に明快に付け加えている。

作庭記がこれらの箇所を通じて私達に示してくれている考え方がある。漢字をよく観察せよ、という示唆である。庭を造ることにおいて、漢字を構成している要素をよく観察し、そこから作庭を行う際の意味を引き出し、形をつくる際の吉凶を判断せよというメッセージである。「祟り」という漢字は、山と示すという漢字の組み合わせからできている。漢字を構成している、より画数の少ない漢字に注目すること、構成要素を組み合わせて全体の意味を考える作業を行っていくことを教えてくれている。また良い形悪い形があるとしたら何であろうか、という問題提起もしてくれている。

これら漢字を意識していく感覚は、作庭記の本文で、秦の始皇帝が焚書坑儒をしたときに、樹木に関する書物だけは残したという逸話を出しており、作庭記の筆者は、秦の始皇帝のなしたことを知っており、漢字の統一において秦の始皇帝の果たした役割をも認識していた可能性をうかがえる。

2　口伝について

作庭記とは何か。森によれば、寝殿造系庭園の造り方を解明した伝書であるという。作庭記を通じて庭を考えることは切り口によっては面白いものだ。作庭記は、日本最古の庭園書であるとされ、成立年代は13世紀、平安時代後期である(3—2)。作庭記には執筆者がいるが、末尾にはその書全体に目を通した人物の署名がある。作庭記の本文の末尾には、この書の関係者情報が示されている。最初に現れる署名は、「正応第二年(1289)の夏六月二十七日の朝」に「気のおもむくままに読んだ」と記した「愚老」という人物で、その名前の署名につづいて花押がついている。次に、「後京極殿御書」とあり、「重宝也可秘々々」とかかれ、花押がつけてある。二番目の署名には「愚老」に匹敵するような人物に関する記載はない。少なくとも二人の人物がこの書に目を通したようである。この後京極殿とは、藤原良経のことであるとされる(3—3)。藤原良経の署名がついているのではなく、この方の蔵書の中にあった、という表現である。藤原良経は、生年は1169年で没年は1206年となっており、37歳で世を去った。愚老の署名年月日は100年以上後

3—2 森蘊(1986)205.森は木村三郎の説をとっている。

3—3 小埜雅章(2016):図解 庭師が読みとく作庭記・山水並野形図:学芸出版社、147—148.

であるから、藤原良経自身はそれを見てからの署名はできない。しかし、その人の蔵書の中にあったということは、誰かがあとで蔵書に加えた、というほどの意味であろうか。亡くなった人の蔵書に何かを付け加えるというのは少々不自然である。そうでなければ、先に良経の蔵書になっていた書に対して愚老なる人物が、読んだことを示す署名をつけたが、書く時には蔵書署名より前の行に記したということになる。

この二番目の署名人の記している言葉である、「貴重な書である。秘密にせよ、秘密にせよ」というメッセージについて考えようとしている。作庭記と呼ばれるようになる前は、このコンテンツは、鎌倉時代には「前栽秘抄」(3—4)と呼ばれていた。ここには秘密である意がタイトルとして記されている。印刷技術がなければ、我々がみることはできなかったことは当然であるが、もとから秘密にしておきたかった内容とみえる。それでもこれを書き記すことになった理由は、640段から654段にかけて書かれている。作庭記の筆者は、石を立てることについて長い期間色々な人から聞いてきたので、ここに、その善し悪しを論ぜず書き残しておこうと思ったとする。延圓阿闍梨（3―5）という人物は、石を立てることに対して代々と伝わってきた方法を引き継いだ人であるが、筆者はその人の文書を伝えたのであるとも言っている。最近、このような石立てについて詳しく知っている人がいなくなってきた。自然風景を参考にして庭を造るのは良いが、禁忌をわきまえる人がいなくなってきた、としている。すなわち、石立ての方法について、徐々に人びとが先人の持っていた智慧を継承しなくなってきているので、色々見聞きすることが多かった私が、ここに自分の知っていることを書き残すことにした、というほどの意味であると思われる。

しかし、そうではあっても何でも書き尽くしたわけではない。口伝を記したという印が残してある箇所は以下の通りである。

3―4　森蘊（1986）、192.

3―5　阿闍梨は仏教（密教）の中でも資格をもった僧侶

「瀧を立ることは口伝あるへし」（315段）
「一　立石口伝」（446段）
「或人口伝云」（469段）
「石をはつよくたつへしつよしとふはねを
ふかくいるへきか但根ふかくいれたりといへとも
前石をよせたてされはよはくみゆあさく
いれたれとも前石をよせつれはつよく見ゆる
なりこれ口伝也」（493―496段）
「弘高云」（563段）

口伝という言葉が書かれている。それぞれの箇所で、一応、ここに色々書き記したが、本来人から聞いて学ぶ内容で、ここに書ききれなかったことがある、と言っているようでもある。本来なら秘密にしておきたかったが、知っている人が少なくなってきたのでそうも言っていられないところから、主だったものを記したのであって、ここに記したものはごく一部だったに違いない。

15世紀の中頃には、「山水並野形図」という庭園書（山、石、木、池などについて記す）が書かれたが、これも末尾には、「此の書ゆめゆめ外に見せるべからず、秘すべし之」とあり、秘密にしておくべきことであると述べている。この庭園書では、この秘事を伝えた僧侶ら48名の名前をのせた系図が出ている。煩雑ではあるが、ここに引用しておこう。増円僧正↓円忠僧正↓忠海僧正↓円連律師↓連覚公↓連忠法師↓連位僧正↓朝位僧正↓（増）正律師↓延円阿舎梨↓俊綱↓知足院入道殿↓法性寺大殿↓仁和寺徳大寺法師↓淋実↓静空↓信懐僧都↓師秋↓師氏↓氏安↓安信↓茂賢↓光尊律師↓行仙法師↓家氏↓家親↓守家↓家安↓安行↓久隆↓敬善↓良信↓良意↓正意↓頼明僧津↓龍門和尚（夢想）↓尋観法師↓宗抄？↓中任和尚↓浄喜（↓増悟↓法印信巌）となっている(3―6)。（ただし矢印↓と傍線は筆者がつけた）

面白い事に「作庭記」の中に出てくる延圓阿闍梨と同じ読みの人物も16番目に出ている。この書は作庭記よりもはっきりと相伝の流れを記している。

3―6　小埜雅章（２０１６）：図解　庭師が読みとく作庭記・山水並野形図：学芸出版社、２６４―２６５.

このように本来なら書に書くべきでなく口伝で伝えていくべきものを、書に書き残しておいて、限られた人だけで見るようにしていたのは、作庭の世界だけではなかった。

15世紀の初め頃、中楽の世阿弥が「風姿花伝」を書き残した。その「別紙口伝」では、秘密にすることに関して有名な言葉がある。「秘すれば花なり。秘せざるは花なるべからずとなり」である。

秘密にすることには大きな効用があることを述べている。相手側にこちらの手持ちの手を知られないようにすることが、珍しさや意外感につながり、それが花の咲いている状態、つまり芸が人の心を打つことになる。芸事においては、若さの物めずらしさで花があるように見えることがあるが、それは一過性のものであり、長年の稽古に裏打ちされた確かな芸が確実な花を生む。戦争であるなら、敵が油断しているからこそ、勝ち（人の心に感銘を与える）につながる。秘事を現さないだけでなく、秘事を知っているということすら悟られないことが大切である。敵が用心していなければ、こちら側が勝つことができるのである。としている。竹本は、「観世家の秘伝として、秘事の存在そのものを人に知らせないということを、生涯にわたり能の花の主になる手だてとするのである」と訳している(3—7)。世阿弥は秘事の効用をこのように露わに書き記している。

「人に心をしられぬれば、敵人油断せずして用心を持てば、かへって敵に心をつくる相なり。敵方用心をせぬ時は、こなたの勝つ事、なほたやすかるべし。人に油断をさせて勝つ事を得るは、めづらしき理の大用なるにてはあらずや。さるほどに、我が家の秘事とて、人に知らせぬをもて、生涯の主になる花とす。秘すれば花、秘せねば花なるべからず」

この「別紙口伝」の最後には、以下の表記がある。

3—7　竹本幹夫(2009):風姿花伝・三道:角川ソフィア文庫、280—283.

「一、この別紙の口伝、当芸において、家の大事、一代一人の相伝なり。たとひ一子たりといふとも、無器量の者には伝ふべからず。『家、家にあらず。継ぐをもて家とす。人、人にあらず、知るをもて人とす』といえり。これ万徳了達の妙花を極むる所なるべし」

「一、この別紙の条々、先年、弟四郎相伝するといへども、元次、芸能感人たるによて、これをまた伝ふる所なり。秘伝秘伝。　応永二十五年六月一日　世（花押）」

また、竹本によれば、次の部分は提示された通りの事実であるかどうかは分からないとしているが、「風姿花伝第四　神儀に云はく」の原文によると、

「一、中学、神代の始まりといつぱ、天照大神、天の岩戸に籠り給ひし時、天下常闇に成りしに、八百万の神達、天の香具山に集り、大神の御心をとらんとて、神楽を奏し、細男を始め給ふ。中にも天の鈿女の尊(3—8)、進み出で給ひて、榊の枝に幣を付けて、声を上げ、火処焼き、踏み轟か

し、神憑りすと、歌ひ歌ひ奏で給ふ。その御声ひそかに聞こえければ、大神、岩戸を少し開き給ふ。国土また明白たり。神達の御面白かりけり。その時の御遊び、申楽の始めと、云々。くはしくは口伝にあるべし」

猿楽が日本の古代史でも神代の時代からの由緒あるものであることを提示している。天照大神が内側にこもってしまったという天の岩戸を開くのに尽力のあったア

3―8　なぜこの説が申楽の始まりと言えるのかには補足説明が必要かもしれない。古事記の記述によれば、天の岩屋戸の前で、舞踊をなした天宇受売命（アメノウズメノミコト）は、のちに天下りをする。迩々芸命（ニニギノミコト）らを天上世界から地上世界に導くのにあずかって活躍したのが、猿田毗古（サルタビコ）という神であった。サルタビコは、天上世界を照らし、地上世界をも照らしていた神である。この神の道案内で天下りが実現する。天照大御神（アマテラスオオミカミ）はこの天下りにアメノウズメノミコトも同行させた。後にサルタビコとアメノウズメノミコトは結婚する。そのときアメノウズメノミコトは、猿女君（サルメノキミ）と名を変えるのである。倉野憲治（１９６３）：古事記：岩波文庫、36―38．65―66．サルメノキミは闇夜を終わらせた舞踊家として芸事の神とされる。三重県伊勢市の猿田彦神社の境内に佐瑠女神社がある。芸能の神として現在も信奉されている。

メノウズメノミコト、彼女が岩戸の前で踊りを奉じたことが、天照の再出に寄与したのであり（3—9）、このアメノウズメノミコトの系統が申楽の初めであるとして箔をつけている。

これに続いて第二条では、インドで釈迦が説法をしようとした時に聞き手が静まらなかったので、六十六番（3—10）のものまね芸を行ったところ見物が静かになったので、説法を始めることができるようになったが、それ以来、インドにこの申楽がはじまった、という説をのせている。

さらに第三条では、申楽の始祖は、秦河勝であったとしている。世阿弥自身が秦の姓であったことは事実だったらしいが、秦河勝へのさかのぼりは、世阿弥があえてそのようにあとづけした可能性も否定しきれないと竹本はしている。しかし、この物語はまた、作庭記につながってくる事項も含み、重要であるから引用しておく（3—11）。

「一、日本国においては、欽明天皇の御宇に、大和国泊瀬の河に洪水の折節、河上より一つの壷流れ下る。三輪の杉のほとりにて、雲客この壷を取る。中にみどり子あり。かたち柔和にして玉のごとし。これ、降り人な

3—9　この踊りによって再出現した天照大神が、果たして隠る（こもる）前の天照大神と同じものなのかどうかという点に対し、一考を要することを啓発する書がある。神には隠れるという性質があるが、人はその神に出てきてもらいたいという思いを持つことがある。そのために人は集まってまつりを行う。神が出てくる状態は、「岩戸開き」という。古事記における岩戸開きは、天照がいない暗闇のはずの世界で、大勢の神々（八百万の神々）が集まっている中で、アメノウズメノミコトが中心でにぎやかに唄い舞った。楽しそうなおまつりの様子が気になって天照大神は岩の戸を少し開けたのである。そのとき、「あなたよりも尊い神がいらっしゃっているのです」とアメノウズメノミコトは述べたのであるが、この言葉はどうなのだろうか。気になった天照大神は、岩屋の外の榊の木に掛けられた鏡を見て、自分の他にも神がいるのかと驚いているすきに、手力男神が天照大神の手を引っ張って外に連れ出したということになっている。「騙(だま)した岩戸からは騙した神お出ましぞ、とくどうしらしてあろうがな、騙して無理に引張り出して無理するのが無理ぞと申すのぞ、無理は闇となるのざぞ、それで嘘の世、闇の世となって、続いてこの世の苦しみとなって来たのざぞ、…」とある。岡本天明（2011）：完訳　日月神示　上巻：ヒカルランド、434.

3—10　六十六という数は、旧約聖書と新約聖書の書物の数を合わせた数と一致する。キリスト教で使う聖書の中に含まれている書物の数である。

3—11　竹本幹夫（2009）：風姿家伝・三道：角川ソフィア文庫、160—161.

るがゆえに、内裏に奏聞す。その夜、みかどの御夢にみどり子の云はく、『我はこれ、大国秦の始皇の再誕なり。日域に機縁ありて今現在す』といふ。みかど奇特に思し召し、殿上に召さる。成人に従ひて、才智人に越えば、年十五にて大臣の位に上り、秦の姓を下さるる。『秦』という文字、『はだ』なるがゆえに、秦河勝これなり。上宮太子、天下少し障りありし時、神代・仏在所の吉例にまかせて、六十六番の物まねをかの河勝に仰せて、同じく六十六番の面を御作にて、すなはち河勝に与へ給ふ。橘の内裏、紫宸殿にてこれを勤ず。天下治まり、国静かなり。上宮太子、末代のため、神楽なりしを、『神』をいふ文字の偏を除けて、旁を残し給ふ。これ、日暦の『申』なるがゆへに、『申楽』と名づく。すなはち、楽しみを申すによりてなり。また神楽を分くればなり」

この物語は非常によくできている。この物語では、壷の中にみどり子がいたわけであるが、思い出せばおとぎ話の桃太郎の場合は、ももの中に男の子がいて、成長して鬼退治にいく。風姿花伝の物語に出てくるみどり子とは誰か、そして六十六の面とは何か、国がよくおさまるとは何か、完璧にできた物語である(3―12)。世阿弥にこれを書かせた元の伝承は上々であり、仕上げは完璧である。

3―12　旧約聖書の出エジプト記には以下の物語が書かれている。(出エジプト記2:1―10)あるとき、エジプトのファラオは、領内でヘブライ人の男の子が生まれたら皆殺しにせよ、と命じる。そこで、モーセの母は赤ん坊だったときのモーセを、防水加工を施したパピルスでつくった籠の中にいれて、ナイル川の河畔の葦のしげみの中においた。籠は水の上に浮いていただろう。また川の水の流れにのって、その籠は少し流されたりもしたであろう。それをファラオの王女が見つけて育て、やがてこの子は王女の子となった。ファラオの王女がそこに来たのは水浴びをするためで、侍女達も来ていたらしい。モーセという名前は、「水のなかからわたしが引き上げた」という意味があるという。のちにモーセは、柴の中から神に呼びかけられ、のちに果たすべき大きな任務(イスラエルの人々をカナンの土地に導き連れていくこと、その土地を治めること)を告げられる。おとぎ話のなかで、なぜお爺さんは山へ柴刈りにいったのであろう。モーセが最初に神と出会ったのは、柴の間にいた神であったことに留意されたい。ではなぜ、籠ではなく、桃の中に桃太郎がいたのであろう。桃は中国において、悪鬼を寄せ付けない樹木であった。下鴨神社では祓いの道具として、桃の木の枝に枝垂(しで)をつけた大麻(おおぬさ)を用いている。使用後の大麻は二つに折って御手洗川に流すこととしている。

3　不動明王についての記述

作庭記の中に滝をつくることに関する記述がある。滝をつくることには口伝があるとし、からの文にもみえるとする次の記述（3―13）がある。作庭記の中で、この記述箇所がどこにあるかは、引用文の後に段数として示した。

原文　「不動明王ちかひてのたまはく滝は三尺になりぬれば、皆我身也いかにいはむや四尺、五尺乃至一丈、二丈をやこのゆえにかならず三尊のすかたにあらは、左右の前石は二童子を表すなり」（３１７―３２０段）

訳文　「不動明王がちかっておっしゃることには、滝は三尺の高さになれば皆私（不動明王）だ。まして四尺、五尺ないし一丈二丈の滝がそうでないはずはないということだ。こういう訳で、三尺（90センチメートル）以上の滝が三尊の姿をしていれば、左右の前石は必ず二童子を表しているのです」

原文　「不動儀軌云
見我身者　発菩提心　聞我名者
断悪修繕　故名不動云々
我身をみはとちかひたまふ事は必青黒童子のすかたをみたてまつるへしとにはあらす常滝をみるへしとなり不動種々の身をあらはしたまふなかに以滝本とするゆへなり」（321―327段）

訳文　「不動儀軌には、私の身体を見れば、菩提心を起こすであろう、私の名を

3―13　森蘊（1986）：「作庭記」の世界：日本放送出版協会より抜粋。

聞けば悪を止め善を行うであろう、故に不動（以下略）と書かれていま
す。私の身体を見ればと不動が誓われることは、必ずしも不動明王と
二童子の姿を拝見しなければならないということではありません。常
日頃から滝を見ていなさいということなのです。不動明王は様々な姿
に変現されますが、その中で滝を本来の姿とされるからです」

不動明王が言及されるのはこの下りだけなのであるが、この情報をもって、何をいっているのか非常によく分かる、という人は少ないのではないか。そこで、まず不動明王とは何なのかということの大枠を説明し、そのあと、この存在について、聖書を使って考えてみたい。不動明王については渡辺照宏の著書（3—14）を筆者が要約しながら示す。

＊＊＊＊＊

不動明王とは、大日如来の使者であるが、本当は大日如来の変身したものであ

る。大日如来は何かといえば、毘盧遮那仏（ビルシャナ仏）のことである。歴史上に実在の人物として存在した仏は、シャーキャムニただ一人である。しかし、日本には様々な仏の信仰が伝来した。例えば、釈迦牟尼仏の他、弥勒仏、薬師仏、阿弥陀仏などである。釈迦牟尼、すなわちシャーキャムニは、紀元前560―480年の頃の実在人物とされる。シャーキャムニが尊い理由は何か。それはシャーキャムニの説いた永遠の真理が素晴らしいからである。そのシャーキャムニ（世尊敬）の遺骨である舎利を大切にし、それをまつるための塔を建てて供養するのは、その世尊を思慕することによって、永遠の真理を求めるためである。釈迦の本質は地上に出現した人間としての姿にあるわけではない。80年とも言われるシャーキャムニの生涯は、仏（陀）の仮の姿に過ぎない。人の命を超えた永遠の真理そのものが、本当の仏陀の姿ではないかと考えられている。永遠の真理のことを「法」と呼ぶ。その「法」が身体の形をとったものであるから、シャーキャムニの本質は「法身」である。渡辺によれば、古代の思想家達は、自然現象を含む偉大なる宇宙の秩序に感

3―14　渡辺照宏（1975）：不動明王：朝日新聞社

動し、それを全知全能の神が創造したものであると考えた。大乗仏教では、宇宙の理法、人間生活の法則を、「法」と名付け、その法はそっくりそのまま仏陀であるとした。

宇宙そのものが法身であるとはいえ、法身そのものを感覚で捉えることはできない。しかし、法身は慈悲によって顕現するという。それが法身仏である。顕現する以上は形と名を持つ。それが毘盧遮那仏である。毘盧遮那仏は、ヴァイロチャーナと呼ばれるもので、バラモン教の文献にも出ている最高神の名前である。不動明王はこの毘盧遮那仏、つまり大日如来の使者でもあり、変身でもあるのである。薬師、阿弥陀、釈迦、弥勒など、さまざまな仏陀の本体は大日如来に他ならないことは、『梁塵秘抄』に歌われ、当時（1169年）の都の人びとは知っていた。聖武天皇の発願により、749年に東大寺の大仏が造られた。この大仏は、毘盧遮那仏の像である。この大仏をまつる東大寺が、日本全国の総国分寺として定められ、戒壇院として機能した。宇宙全体を包容する毘盧遮那仏からは無数の仏陀が顕現する。

作庭記で出てきた不動明王がどのようなものであるかは以上でおおまかに説明さ

れたこととするが、明王とは何か。渡辺によれば、法身仏のことを自性輪身と呼び、絶対的なご自身の位置に留まっている。しかしそれでは人びとは近寄りがたいので、優しい姿で近づき導いてくれる存在が必要である。これを菩薩または、正法隣身と呼ぶ。一方、それでも救われない人には、悪を許さぬ怒りの姿で、人びとを導く姿を示す。これは、自性輪身たる仏陀の変身した姿である。この姿を教令輪身と呼び、これが明王にあたる。自性輪身である仏陀のありように対応して、正法輪身、教令輪身のありようも変わってくるが、自性輪身が大日如来なら、教令輪身は不動尊という形になるという。このときの正法輪身は般若菩薩であるという。不動尊の姿は、色が黒く、肥満で、働きやすい奴僕の形をしており、あらゆる悪を粉砕するために忿怒の相をしているという。

＊＊＊＊＊

最後のあたりの話は所謂、三尊仏の構成の話と受け止められる。

また、これは、不動明王とは何かという説明の一部であり、その不動明王だけが三尊仏の形を取るのではない。

さて、滝の話にもどろう。

まず、滝をつくるためには、石が必要である。石を使って高低差を造らなければならない。高低差が90センチをこえる水落ちを造るならば、それは、私、不動明王を造ったことになるのだ。というのが作庭記の317―319段に書いてあったことであるが、なぜ、ただ単に90センチ以上の立石をした時には不動明王の名は出てこなくても、それが滝となった場合、つまり水が流れた場合に不動明王になると言いうるのか、理解することが難しいのではないか。これを聖書の記述から探ることにする。

エジプトで奴隷として虐げられた生活を送っていたイスラエルの人びと（3―15）は、神の命令を受けたモーセによって率いられ、エジプトの地を離れることになった。「広々としたすばらしい土地、乳と蜜の流れる土地」へ民を導き上るためである。妻子を別として、壮年男子だけで60万人となるイスラエルの人びとがエジプトを出発することになった（出エジプト記12：37）。以降、目的地に到着するまでの40年間の間、イスラエルの人びとは苦難の旅を続ける。そこで起こった困難と神による救済には様々なものがあったが、その中には当然のごとく食べ物と飲み物の問題があった。荒れ地を進む中で、この二つの問題は命に関わるものであった。レフィディムという土地についた時には、民の飲み水がなかった。イスラエルの人びとは、喉が渇くのでモーセに飲み水を与えよと迫る。モーセが困って神（「主」（3―16））に叫ぶと、主はモーセに、一つの方法を教えてくれた。ホレブと呼ばれる場所にある岩場に行けば、私（主）は岩の上であなたの前に立つので、あなた（モーセ）は、

3―15 イスラエルの人びととは、ヤコブの息子達の子孫である。ルベン、シメオン、レビ、ユダ、ゼブルン、イサカル、ダン、ガド、アシェル、ナフタリ、ヨセフ、ベニヤミンである。（創世記49：1～28）

3―16 ここでの「主」は、英語では、Lord、ヘブライ語では「ヤーウェ」（יהוה）である。

神から与えられた杖（3―17）を使ってその岩を打つように、そうすれば、岩から水が出て、イスラエルの人びとが飲むことができる、と言った。

引用しておく。

主はモーセに言われた。

「イスラエルの長老達数名を伴い、民の前を進め。またナイル川を打った杖を持って行くがよい。見よ、わたしはホレブの岩の上であなたの前に立つ。あなたはその岩を打て。そこから水が出て、民は飲むことができる」（出エジプト17：5）

果たしてモーセはその通りにした（出エジプト17：1～7）。出エジプト記のここまでの記述では、実際に水が出たのか出なかったのかは、直接は触れていない。ただ、イスラエルの人びとの旅はこの後もさらに続けられているのである。そこから、この乾燥地の岩からは水が出たのだということが分かる。

エジプトの国を出て3か月後に、イスラエルの人びとは、シナイの荒れ地に着く。そこにはシナイ山という山があり、この山の上でモーセは、十条の戒めである「十戒」を授かり、主を祀るための方法を授かる。この山の麓でモーセは、主をまつるための最初の幕屋を建てた(3—18)。主に教えられて建てた幕屋では、神はさら

3—17　エジプトのファラオの元からイスラエルの民を脱出させるために、モーセは11の奇跡(エジプトの人びとにとっては災い)を起こしたが、そのうちの一つに、神から与えられた杖を使って、ナイル川の水を打つという行為があった。これによってナイル川の水は血にかわり、魚は死に、川は悪臭をはなち、水が飲めなくなるという事態が起こった。奇跡を示すことでファラオにエジプトからの立ち去り許可を得るためのものであった。この杖は神がモーセに直接与えたものであると推測される(出エジプト7：17参照)。アロンの持っていた杖とは別のものであると思われる。

3—18　出エジプト記には、幕屋をつくる場面が二つ示されている。出エジプト記33：7と40：1—38である。記述の順番から判断すると、一回目は、モーセが最初の十戒を主から賜ったあとのことで、この時主から頂いた十戒の石板はモーセが壊してしまった。民達が山のふもとで、主から禁じられていた金の子牛像を造っていたため、モーセは急いで山をおりて、この問題に対応したとき、モーセは怒りにまかせて板を投げつけて砕いてしまったのであった。このあと、宿営から離れた場所に幕屋をつくっている。しかし、モーセは再びシナイ山に登り、主から戒めの言葉をいただくことになった。そのあとに幕屋をつくっている。この時には祭壇と庭を造った。この点については後に触れる。

に多くの規則をモーセに示したが、それは『出エジプト記』の次の『レビ記』という書物に書かれている。幕屋建設は、一年の最初である1月1日に始めるよう「主」から言われた。翌年の2月20日には、イスラエルの人びとはシナイの荒れ野を旅立つことになった（民数記10：11―12参照）。この旅立ちにあたって、幕屋をどのように片付け移動させるのか、またイスラエルの人びとがどのような順番に隊列を組んで別の場所に移動していったかということは、民数記の4章までの間に記されている。これらはここでの主題ではないので割愛するが、ここからのイスラエルの人々の進行においては、十戒の石版や、主のための幕屋のための材料、そして契約の箱などをたずさえた移動になり、主を守りながら細心の注意を払いながらの行進となったことであろう。

出発してから約1か月後、イスラエルの人々はカデシュという場所に滞在した。ところがそこには民達に飲ませる水がなかったのである。民は、モーセに、そもそもなぜ私達をエジプトから連れてきたのだ、ここには飲み水さえないではないか、とつめよった。人々から離れた所に設置した主の幕屋の入口に行って、モーセと弟のアロンがひれ伏すと、主がモーセに言った。

「あなたは杖を取り、兄弟アロンと共に共同体を集め、彼らの前で岩に向かって、水を出せと命じなさい。あなたはその岩から彼らのために水を出し、共同体と家畜に水を飲ませるがよい」

この言葉を聞いて、モーセは実行しようとした。会衆を岩の前に集めて(3—19)、モーセが手を上げ、その杖で岩を二度打つと水がほとばしり出たので、共同体も家畜も飲むことができたという(民数記20:1—13)。人々に水を飲ますことができたが、この件で主はモーセとアロンに向かって、わたしを信じることをせず、わたしが聖なることを示さなかったため、二人を約束の土地に人々を導き入れることはできない、と言ったのだった。

3—19　この時モーセは会衆に向かって「反逆する者らよ、聞け。この岩からあなたたちのために水を出さねばならないのか」という言葉を述べている。この言葉は、なぜこのあと主の怒りをかうことになったのかのヒントになろう。

少し長い説明となったが、以上から、聖書において、通常なら乾燥していたままの岩から、主の奇跡によって水が出たこと、それを民達が飲むことができたことが示されており、それは単に岩があるという状態より一層、主の働きが明らかにされた出来事であることが分かる。水の流れのない所にあらたに水の流れを造りだし、そこに滝を造るという行為は、奇跡的な行為であると言えよう。

4　多神教の前提

日本は、自然崇拝と多神教の国であり、また場合によっては偶像崇拝に対しても寛容な国であるという認識が一般にみられることがある。

古事記や日本書紀には多くの神々の名前がみえている。また、神々は人間のように子供を産むことができ子孫を誕生させることができることになっている。神のグループを総称する言葉としては、「八百万(やおよろず)の神」という言葉もある。しかし、この神々のルーツは何なのだろう。神に子供を産むことができる、という考えが適用されるなら、それは人間と非常によく似たシステムをもつ存在である。子孫を増やすことができるとするなら、最小限のルーツとして、男性神と女性神が一柱ずつあればよい、ということになる。しかし、その最初の二柱の神を世界に出現させる元となる神がいなければ、二つの神を生じさせるという決定ができないはずである。何もない世界に、二柱の神が自然発生的に生まれました、と言ってみても、その自然にとは何ですか、と問えば、その二柱の神を生じさせることになった何らかの衝動である。それを神と呼んでみても何ら問題はないように思われる。そこで、多神教と呼ばれているものも、ある前提が満たされていない限りは、根源に一柱の神がいたと考えるのが、人間の理性的な考えにおいては自然である。

その前提とは何か。この世界に起源となるものなど何もない、そして向かっていく先にも際限はないという考えである。我々の生きている時間軸においては、因果の法則が存在しており、原因があって結果がある、という、そのようなものの見方を我々はもっている。見えている世界から類推すれば、お父さんとお母さんがいて、子供であるいまの自分がある、という考え方が一般にうなずける考え方であろうが、そのような考え方をしない、ということだ。それは今見えているものには、そのもととなる何かがあるはずだとさかのぼる思想にしかすぎない。結局唯一神に行き着いてしまう。神々についていえば、もとから無数の神々がいて、この世に始まりも終わりもなく、ただ、そのもとからいたものが永遠に存続していくだけなのだ、と考えれば、元をたどる必要もない。これを人間の例にして考えるなら、我々がこの場に生きているということも、我々が自分という個人を認識しているから特別なことのように思うだけで、実際には、自分自身は何年経とうと何千年経とうとずっとこの場に居続けており、メンバーとして何も変化していないということである。多神教の前提とは、神々が過去のいつの日にかに誕生したと考えてはいけない。かつて、たくさんの神々がいたと仮定するなら、その神々はずっと世界に居続けるということであり、神々が交わって子孫が増えていくなどという考えは言語道断である。この考え方は、見えている世界の因果の関係で世界を説明することなどできない、この世界は人間の知覚したり類推できたりするシステムでは動いていないと判断する性質をもつ。その意味では、前世があり、その因果によってその人の現在の運勢が決まっているなどという考えは、凡人の知覚範囲を超えているので、多神教の考え方と親和性があるのかもしれない。多神教が成り立っていると考えるのであれば、その前提とは、説明したり理解したりしようとしない、という主義をもつ、ということであらねばならない。盲目的に多神を容認するということがなければならないだろう。

日本という構造　あとがきにかえて

日本では、色々なことが他の文化圏と異なっている。ヘブライ語では「シャバット」（שבת）といえば、休みの日のことで、日常の仕事から解放されて、神が7日目に休憩されたように休憩する日だ。しかし、日本では「娑婆」といえば、通常の日常生活のことをいう。イスラエルの人々にとってあれほど厳格であった律法と比べて、ここ日本では成文法がなくすべてが収まっているのが上出来の部類とされ、あれこれと定めがなくてもすべてがうまく収まっていないとおかしい、という思想である。また聖書で禁じられている偶像崇拝、自然崇拝すら、何も問題なく行われているように見える。聖書の文化圏とは一見、正反対ともみえる現象である(1)。

では我々は、聖書の考え方と無縁で生活していられるか、といえば、そうではない。

日本とは、二本である。演劇で言えば、二本立ての物語が準備されている。ちょうどエデンの園に2本の樹木が立っていたように、である。そして、その二つは性質が異なるのである。東京が経済活動、政治活動の中心地なら、京都は文化の中心であるというのもその一つである。陰陽思想といえばそのとおりである。そして、日本は、多くの謎を国土中にちりばめている。謎解きの対象としては、もはや一人

1　日本のお寺には色々な仏像が安置されている。これは偶像崇拝ではないかという疑問を私もしばらく持っていた。しかし、久保田氏の著書から、日本人は仏像そのものを神とは思っておらず、神の持つ特質をそこから学んだり類推したりしているだけであり、そのモノではなく、そのモノの向こう側にあるものを想像している、と考えてよいのではないかという示唆を得ることができた。「日本人は古来、偶像を通して、その奥にあるもの、仏教で言えば宇宙の理法・法ともいうべきものを拝んできたのではなかったか」という箇所である。久保田展弘（1997）：日本多神教の風土：PHP研究所、第6章より。筆者はKindle版を参照した。

の人間の知りうる範囲をはるかに超えている。日本における庭の歴史を探っていけば、こうした謎に行き当たるだろう。謎は奥深く、注意深く隠されているが、その謎こそが、ありとあらゆる分野のデザインの基になっているものである。その基の部分に行き着かなければ学問をする意味がない。その原則は、私達の寿命よりも長く存続していく。奥深い作り込みといえば、たとえば京都というまちである。平安時代の京都を守る役割を果たしていたのは比叡山であった。ここで、厳しい修行をしながらそれでも神に命を許してもらった人びとは、その特別な法力を使って京都のまちの安寧を願った。桓武天皇もまた本気で当時のくにの安堵を祈っていたのである。それは天皇のすみかが朝堂院の北東にあったことからも分かる。北東の方角は魔縁が入ってくる方角である。自らが北東に居を構えたのはそれをがっちりと守るためではないか。

神武天皇が近畿地方に入っていくとき、いきなり入れず、和歌山の方を遠回りして入っていった。そのとき天皇即位の地まで導いたのが八咫烏（やたがらす）ということになっている。烏の出現の歴史は古い。旧約聖書で全地が水で覆われたとき、造っておいた船にのって助かったのがノアの家族である。やがて水がひいたときに、最初に大地に放たれたのは烏である。烏が道案内するということは、ここから来ている、とは、飛鳥昭雄、三神たけるらが何度も述べて私達に教えてくれた説である。聖書のシナリオを熟知した存在が日本の歴史における重要なシナリオ、スコアを書き、残したと考えて間違いではないだろう。そういう存在を想定した場合、その知識はとてつもなく広く、常人の想像の及ぶ範囲ではない。造園という言葉の元をさぐれば、そういうところに行き着いていくことになるのである。それはもはや、庭をつくるということに留まらず、森羅万象に関わる考え方であろう。

京都のまちに、烏丸通りという大通りがある。これにも意味が込められているに違いないのである。烏という文字は、鳥という漢字の中から「一」という文字を引いて造った漢字である。身体の上部から身体の一部を取り去った存在、それは、アダムである。では、その取り去った「一」はどこへいったのかといえば、それが「丸」という文字の中に入りこんだのである。埋められているというべきか。そこで、「丸」という文字からその「一」をもとに戻してやれば、もとの「鳥」という漢字と、「九」という漢字が残る。組み合わせれば「鳩」である。平和の象徴のハトなのである。「烏丸」と書いたとき、それはアダムとイブの原型(2)を表現しているともとれるのである。ハトは、ノアの箱船から、地上の水が引いたかどうか偵察するために放たれた第二の鳥であった。ここでの通りの名前の解読は、これはあるときふと気がついたことで、特に誰かのアイディアをみたものではない。日々、色々な情報が様々な媒体で非常に早いスピードで開示されていく。この説は誰が最初に提唱したものかを調べていけばインプットだけで一生終えることもできるほどである。その中で、同様のことを指摘した人がすでにいたなら、その方には申し訳ない。

また古事記はやまとことば、日本書紀はほぼ当時の中国語で書かれているという点は、当然のことながら、ヘブル語で書かれた旧約聖書と、ラテン語で書かれた新約聖書に対応するものなのであろう。

本書は、造園という分野が考えていかなければならない問題について記したつもりである。日本というこの国に何が残されているのかを正確に知り、もしそれが価値のあることであるなら、意識した上でそれを継承していくことが大切ではないか、と思って書いてみた。大御宝を失ってしまえば、八咫烏が死守してきた存在の価値も消える。

本書は、信州大学で開催された2016年の日本造園学会全国大会の際に、上原敬二賞を受賞された進士五十八先生が、造園をやっている人は普段からよいことを考えているのだから、もっと本を書いてください、上原先生がそうだったのだから、という旨の受賞スピーチをされたことも種子となった。よいことを考えている

2　男の側がイッシュ　איש
女の側がイシャー　אשה
と表現される。あばら骨が取り去られた側が男である。女の方が画数は多くなっている。取られたあばら骨を示すのはהの文字の、左側の縦の線であろうか、それとも途中でくの字のように直角に曲がっている右側の部分であろうか。そういえば、女性を「くのいち」という言い方が古来どことなく伝わっている。

かどうかは読者諸賢のご判断に委ねる他はない。

本書をまとめるにあたって、霊感を与えてくれた多くの方々や書物、そして本書を出版することを了承してくださった郁朋社の佐藤聡様、関係者の方々に御礼を申し上げます。

【著者略歴】
岡島　なお方（おかじま　なおかた）
南九州大学准教授、博士（学術）
千葉大学で園芸経済学、造園学、その後建築学を学ぶ。
前著に『雑木林が創り出した景色　～文学･絵画･庭園からその魅力を探る～』（2005）がある。

聖書からみる神と自然と人間　――造園学のはじまり――

2020年3月16日　第1刷発行

著　者 ― 岡島　なお方

発行者 ― 佐藤　聡

発行所 ― 株式会社 郁朋社

〒101-0061　東京都千代田区神田三崎町2-20-4
電　話　03（3234）8923（代表）
ＦＡＸ　03（3234）3948
振　替　00160-5-100328

印刷･製本 ― 日本ハイコム株式会社

装　丁 ― 宮田　麻希

落丁、乱丁本はお取り替え致します。

郁朋社ホームページアドレス　http://www.ikuhousha.com
この本に関するご意見・ご感想をメールでお寄せいただく際は、
comment@ikuhousha.com までお願い致します。

©2020 NAOKATA OKAJIMA Printed in Japan ISBN978-4-87302-713-5 C0070